Terry Virgo

Durch Gottes Gnade siegreich leben

Der biblische Weg
zu entspannter Heiligkeit und Disziplin

Christliche Verlagsgesellschaft TABOR

Aus dem Englischen übersetzt von Andreas Rapp

Überarbeitet von Irmtraut Eisenmann

Umschlaggestaltung: ART DESIGN, Dipl.-Ing. Rainer Haas

Originaltitel: Enjoying God's Grace

2. überarbeitete und erweiterte Auflage

mit einem Vorwort von Winfried Hahn

Titel der 1. Auflage: Gottes Gnade genießen ©1992

Fred-Hahn-Straße 32

72514 Engelswies

ISBN 3-925715-06-1

Inhaltsverzeichnis

Vorwort zur 2. Auflage

Die erste Auflage dieses äußerst wichtigen Buches von Terry Virgo veröffentlichten wir unter dem Titel: „Gottes Gnade genießen“. Wir haben uns jedoch dazu entschlossen, für die zweite Auflage den Titel zu ändern, weil das Buch auch viele andere wichtige Aspekte enthält. Damals, als wir die erste Auflage herausbrachten, war es uns wichtig, mit dazu beizutragen, die Freude und Entspannung der Gnade, das Genießen der Freundlichkeit Gottes zu fördern. Jetzt, knapp 10 Jahre später, weist unser neuer Titel stärker auf die Auswirkungen der Gnade, nämlich auf ein siegreiches, diszipliniertes Leben in der Heiligung hin. Beide Aspekte gehören untrennbar zusammen, wobei die Freude am Herrn nach wie vor das Fundament bildet.

Ergänzt haben wir das Buch, das als Arbeits- und Studienbuch konzipiert ist, durch einen ausführlichen Anhang, in dem alle Bibelstellen, die nachgeschlagen werden sollten, aufgelistet sind. Wir möchten es dadurch dem eher flüchtigen Leser ermöglichen, dem Gedankengang anhand der Bibelstellen im Anhang folgen zu können, ohne durch ständiges Aufschlagen und Aufsuchen der Bibelstellen im Lesefluss unterbrochen zu werden. Dem gewissenhaften Leser empfehlen wir jedoch, die Stellen in der Bibel aufzuschlagen und sie im Zusammenhang nachzulesen. Um eine möglichst große Nähe zum Grundtext herzustellen, sind alle Bibelstellen, wenn nicht anders erwähnt, der Revidierten Elberfelder Übersetzung entnommen.

In den nachfolgenden Ausführungen möchten wir noch einige Gedanken anfügen, die die nach wie vor brennende Aktualität der Ausführungen von Terry Virgo unterstreichen.

Zwei Tendenzen sind in der Christenheit zu beobachten. Da gibt es auf der einen Seite die Menschen, die aus eigener Kraft um einen der Bibel entsprechenden moralisch guten Lebenswandel ringen, indem sie Sünde bekämpfen und sich unter großen Anstrengungen und vorbildlicher Opferbereitschaft abmühen, das Reich Gottes zu bauen. Sie halten sich an äußerlichen Regeln und Normen fest, um sich vor Sünde und „Weltlichkeit" zu schützen und geraten dadurch in innere und äußere Erstarrung. Andererseits gibt es diejenigen, die sich einer fast grenzenlosen Freiheit rühmen, ihr Leben genießen und betonen, weil ja alles nur Gnade sei und Gott nur aus Liebe bestehe, dürfe man sein Leben genießen, es sich gut gehen lassen und alles, was Mühe, Entsagung und Opfer bedeute, sei nicht im Willen Gottes. So leben sie in trügerischer Selbstsicherheit und entfalten ihre Autonomiebestrebungen. Man hat fast den Eindruck, wenn in früheren Jahrzehnten die pflichtbewussten und oft unter Leistungsdruck und Schuldgefühlen leidenden Gläubigen überwogen, so haben wir es jetzt mit einer steigenden Zahl von Gemeindegliedern zu tun, die aus einem falschen Verständnis der Gnade auf sich selbst bezogen und bedürfnisorientiert leben. Mangelnde Bereitschaft, Verantwortung in der örtlichen Gemeinde zu übernehmen, sich bei Konflikten beleidigt zurückzuziehen oder schnell gekränkt zu sein, sind Auswirkungen dieses einseitig auf das persönliche Wohlergehen ausgerichteten Lebensstils. Auch mangelndes Bewusstsein für die Gefahr der Verführung durch den herrschenden Zeitgeist sowie Laschheit im Umgang mit Sünde sind ebenfalls Auswirkungen eines falschen Verständnisses der Gnade.

So führt ein Mangel an Gnade auf der einen Seite in Gesetzlichkeit, Enge und Erstarrung, ein falsches Verständnis von Gnade, andererseits in mangelnde Disziplin und Zügellosigkeit.

Biblisch sehr fundiert und konsequent führt Terry Virgo den Leser ins Zentrum neutestamentlicher Freiheit: In Christus sind wir von dem Zwang, sündigen zu müssen, befreit und befähigt, den Willen Gottes tun zu können. Es geht um ein Leben in Kraft, befreit von äußeren Zwängen und Normen, aber dennoch oder gerade deswegen gilt es, geistlich wachsam und diszipliniert zu sein. In der Gemeinschaft mit Jesus und in der Abhängigkeit von ihm erschließt sich uns die ganze Fülle des Segens und der Freiheit. Dieser Ansatz ist radikaler als das Befolgen äußerer Gebote, denn es erfordert unser ganzes Herz. So schreibt Terry Virgo in seinem Buch: „Viele Menschen glauben, die Wurzel der Sündhaftigkeit liege in unserem Versagen, eine Liste von Geboten zu befolgen. Nein, die Wurzel des Übels besteht darin, den eigenen Weg leben zu wollen".

Das bedeutet, es geht um nichts mehr oder weniger, als Gott sein ganzes Vertrauen zu schenken, ein Vertrauen, das keine Grenzen setzt und damit bedingungslos ist. Davor schrecken viele Menschen zurück. Es ist so, wie es Terry Virgo zum Ausdruck bringt: „Sie wollen Gott nicht gestatten, ihr Denken zu verändern, weil sie das Ergebnis fürchten". Vor allem Menschen, deren Vertrauensfähigkeit durch schlimme Ereignisse beeinträchtigt oder durch Vertrauensmissbrauch zerstört wurde, tun sich sehr schwer, neues Vertrauen zu schenken und ihr Herz zu öffnen. Hier ist viel Geduld und echter Hirtendienst erforderlich, die Menschen dahin zu bringen, ihr Herz erneut zu öffnen. Allerdings kann nur der Gott erleben, der Ihm sein Herz vorbehaltlos öffnet. Denn nur ein Christ, „der Gottes Willen wirklich tun möchte, wird hören, was Gott zu sagen hat. Wenn sich jedoch sein Geist in einem bestimmten Punkt nicht öffnet, wird er gleichsam die Ohren vor Gottes Wort verschließen..." (Terry Virgo).

So geht es also letztlich nicht um den Gegensatz einer gesetzlichen oder weltlichen Gesinnung, denn beides ist Ausdruck mangelnder Hingabe, sondern um dieses bedingungslose Vertrauen gegenüber Gott, die Abhängigkeit, diesen Gehorsam aus Glauben, in dem wir sprechen: „Rede Herr, dein Knecht (deine Magd) hört“.

Wir von der Christlichen Verlagsgesellschaft Tabor wünschen jedem Leser, dass er durch das Studium dieses Buches in diese herrliche Freiheit der Kinder Gottes in diesen Genuss der Gnade Gottes hineingeführt wird. Denn nur wer die guten Absichten Gottes erkannt hat, kann sich in dieser rückhaltlosen vertrauensvollen Weise auf Ihn einlassen, sodass er weder ängstlich und krampfhaft sich an äußerlichen gesetzlichen Normen und einseitigen Lehren festkrallen muss, noch in falsch verstandener Freiheit seiner Selbstverwirklichung und Genussorientierung anheimfällt.

Im Namen der Christlichen Verlagsgesellschaft Tabor

Winfried Hahn, Verleger

Einführung

Als Charles Wesley die Gnade Gottes in seinem Leben erfuhr, konnte er dies nicht für sich selbst behalten. Seine Entdeckung war zu wunderbar und zu herrlich, sie konnte nicht verschwiegen werden, und so schrieb er diesen Vers:

O dass die Welt doch schmeckt' und säh'
Den Reichtum seiner Gnade.
Sein Arm der Liebe mich umfängt,
all' Welt soll dies erfahren.

Vielen von uns erscheint diese Begeisterung über die Gnade Gottes eher verwirrend. Wir können uns wohl der Freude und Erleichterung erinnern, die wir bei unserer Wiedergeburt verspürten, aber nun haben wir unser christliches Leben eingerichtet und dabei viel von unserer Begeisterung über die Gnade Gottes verloren. „Ich habe seine rettende Gnade empfangen“, sagen wir dann zu uns selbst, „und ich möchte, dass andere Menschen auch ihr Vertrauen in Gott setzen, aber ich weiß nichts über die Reichtümer seiner Gnade. Was genau ist damit überhaupt gemeint? Ist mir bisher etwas verborgen geblieben?“

Traurigerweise bleibt vielen Christen tatsächlich etwas verborgen, ohne dass ihnen das bewusst ist. Sie haben niemals von der gewaltigen Tiefe der Gnade Gottes und deren Bedeutung für ihr Leben gehört. Sie führen scheinbar ein normales christliches Leben, insgeheim aber fühlen sie sich wie auf verlorenem Posten. Wären sie ehrlich, würden sie zugeben, dass ihr Christsein sie häufig langweilt. Gottes Gnade, seine freie unverdiente Zuwendung an uns empfanden wir oft als aufregend, aber heute...? Ja, heute leben wir eigentlich wie jeder andere auch und die Gnade scheint nur noch für jene relevant, die Christus noch nicht erkannt haben.

Viele Gläubige leben unter dem Schatten der Verdammnis und erleben deshalb wenig Freude. Sie lassen es zu, von Gefühlen regiert zu werden, die sie gelegentlich durch Willenskraft zu überwinden suchen. Da der Verstand in ihrem christlichen Leben eine unbedeutende Rolle spielt, ist es Gefühlswelt und Willenskraft überlassen, den Kampf unter sich auszumachen.

Eine solche Sachlage muss angesichts der Worte Jesu: „Ihr werdet die Wahrheit erkennen und die Wahrheit wird euch frei machen" als besonders traurig erscheinen. In seinen Worten finden wir keinen Bezug auf Gefühle oder Willenskraft. Wenn wir die Wahrheit verstehen, werden wir freigesetzt, besonders, wenn uns diese Wahrheit sagt, dass Gott uns bedingungslos liebt. Er hat uns mit einer immerwährenden Liebe geliebt und wird dies auch weiter tun. Er hat uns in seinen Augen völlig und auf ewig gerechtfertigt, allein durch unseren Glauben.

Diese Wahrheit ist fast zu schön, um wahr zu sein. Gottes Gnade ist so erstaunlich, dass viele christliche Lehrer oftmals zu ängstlich sind, sie auch in ihrer ganzen Weite darzustellen. Sie fürchten, die Gläubigen könnten sorglos leben und eigennützige Vorteile daraus ziehen, wenn sie begreifen, welche Freiheit in der Liebe Gottes ist. Um dies zu verhindern, achten sie darauf, in die Botschaft der Gnade eine Reihe von Vorbehalten mit einzubauen. Diese haben jedoch letztlich die Auswirkung, dass sie die verändernde Kraft der Botschaft verdunkeln.

In der Botschaft von der „freien Gnade" liegt eine sehr reale Gefahr: sie kann zu unverantwortlichem und sogar sündigem Leben führen. Petrus spricht genau diese Tatsache an, wenn er sagt: „Lebt als Freie und nicht als solche, die die Freiheit als Deckmantel der Bosheit haben“ (1 Petr 2,16) (1). Wenn wir jedoch zu schnell Warnungen hinzufügen, dämpfen wir damit den Klang dieser guten Nachricht und stumpfen die Schärfe ihrer befreienden Kraft ab.

In der Schule malten wir gelegentlich mit Wasserfarbe Landschaftsbilder. Einmal hatte ich einen blauen Himmel gemalt und wollte auf diesem Hintergrund einen grünen Baum malen. Ich konnte dies jedoch erst tun, als die blaue Farbe getrocknet war. Ich wusste, dass der Versuch, die grüne Farbe zu früh darauf zu malen, die Farben ineinander laufen lassen würde. Entweder wartete ich geduldig, bis die blaue Farbe getrocknet war, oder ich würde das ganze Bild ruinieren.

Viele Christen fügen der Botschaft der Gnade viel zu schnell Beschränkungen hinzu. Bevor der neue Gläubige jemals richtig verstanden hat, dass Gott ihn bedingungslos liebt, sagen sie ihm: „Aber natürlich musst du immer ... und du solltest niemals ...“. Als Ergebnis finden wir dann nur zu oft Christen vor, die glauben, Gott liebe sie nur, wenn sie gut seien. Damit sind wir aber wieder am Anfang, bei der Errettung *aus Werken* und nicht bei der Errettung, *die wirkt.*

Das soll nicht heißen, dass christliche Disziplin unwichtig wäre, im Gegenteil: Paulus, der einerseits jedem Anschein von Gesetzlichkeit entgegentritt, fordert andererseits zu gottgefälliger Disziplin auf. Allerdings ist es nicht eine Disziplin, die auf einer gesetzlichen, hoffenden Suche nach den Segnungen Gottes beruht, oder diese sich gar verdienen will, nein, sie ist verankert in dem Glauben, dass das, was Gott über uns sagt, auch tatsächlich stimmt.

Wir verhalten uns auf eine bestimmte Art und Weise, weil wir glauben, dass Gott in uns am Wirken ist. Wir wenden, wie Petrus sagt, *allen Fleiß* auf, nicht in vergebliches Bemühen gegen überwältigende Schwierigkeiten zu verfallen, da uns doch „alles zum Leben und zur Gottseligkeit“ gegeben ist (2 Petr 1,3) (2). Wir setzen alles daran, weil wir von der festen Überzeugung, dass Gott für uns und mit uns ist, motiviert werden. Unser Tun ist das Produkt unseres Glaubens und hat seinen Ursprung in dem Leben in uns.

Gottgefällige Disziplin ist nicht ein Akt der Gesetzlichkeit, sondern des Glaubens. Die entscheidende Frage heißt deshalb für uns: Diszipliniere ich mich, weil ich Gottes Gunst gewinnen muss, oder weil ich in der Gnade Gottes leben will? Die Selbstbeherrschung des Glaubens betrachtet das, was Gott sagt, als bereits vorhandene Wahrheit und lebt deshalb fröhlich in ihrem Licht. Wir müssen dem Beispiel des Paulus folgen.

Obwohl er früher die Gemeinde Gottes verfolgte, konnte er die freie Gnade Gottes empfangen und sich daran erfreuen: „Durch Gottes Gnade bin ich, was ich bin; und seine Gnade mir gegenüber ist nicht vergeblich gewesen, sondern ich habe viel mehr gearbeitet als sie alle; nicht aber ich, sondern die Gnade Gottes, die mit mir ist“ (1 Kor 15,10). In all seiner harten Arbeit finden wir keinerlei Anzeichen von Gesetzlichkeit.

Es ist mein Gebet, dass du beim Studium von „Durch Gottes Gnade siegreich leben“ zu einer größeren Freude an der Fülle des Heils in Christus geführt wirst. Möge es für dich eine lebensverändernde Erfahrung sein. Möge Gott dir die Wahrheit über seine Gnade offenbaren und dich zu einer brandneuen Beziehung zu ihm freisetzen.

Terry Virgo

Im Leben herrschen

Johannes sitzt in der überfüllten Konferenzhalle und hört dem Redner aufmerksam zu. „Wir überwinden weit um des willen, der uns geliebt hat“, ruft der Redner voll Begeisterung aus. „Dank sei Gott, der uns in Christus immer im Triumphzug umherführt. Der Vater hat uns dazu berufen, im Leben zu herrschen, dies sagt sein Wort. Sind dies nicht gewaltige Wahrheiten?“

Überall im Publikum nicken die Leute mit den Köpfen und geben ihrer Zustimmung Ausdruck: „Amen“, „Preist den Herrn“, „Halleluja“.

Aber Johannes sitzt ruhig da und denkt angestrengt nach. „Ich soll ein Überwinder sein“, sagt er etwas traurig zu sich selbst. Warum aber scheinen dann die Umstände mich immer wieder zu überwältigen? Warum schaffe ich es dann immer nur gerade mal noch so? Warum bin ich solch ein Verlierer? Warum erfahre ich nicht völligen Sieg über Anfechtung, Sünde und Verdammnisgefühle? Warum enttäusche ich Gott immer wieder?“ Die Vorstellung, „im Leben zu herrschen“, erscheint Johannes wie eine weit entfernte Bergspitze: wunderschön und doch völlig außer Reichweite.

Kremple die Ärmel hoch!

Als Johannes nach Hause kommt, fühlt er sich verdammt. Gleichzeitig aber ist er auch der Überzeugung, dass es an der Zeit ist, ein siegreiches Leben zu beginnen, wenn doch die Bibel sagt, er sei ein Gewinner. „Ich fange damit an, indem ich alles aufschreibe, was ich tun sollte“, sagt er sich.

Welche Dinge würdest du auf seiner Liste erwarten?

Gebet, ____

____

____

____

____

Nach ungefähr einer Woche des „erfolgreichen Herrschens“ verschläft Johannes eines Morgens und verpasst dadurch seine Gebetszeit. So muss er am nächsten Morgen zwei Abschnitte der Bibel lesen. Das bedeutet aber, dass er nicht genügend Zeit hat, für all die Menschen zu beten, die er sich eingeplant hatte. Er fühlt sich deshalb etwas schuldig, kann aber nichts dagegen tun, außer vielleicht am Abend das Versäumte nachzuholen. Nach ungefähr drei Wochen liegt er in seinem Bibelleseplan sechs Tage zurück, hat für 27 Leute nicht regelmäßig gebetet und hat die ganze Vorstellung des „Herrschens“ im Leben tatsächlich aufgegeben.

Sechs Monate später hört Johannes einen anderen Prediger. „Wir herrschen im Leben!“, erklärt er begeistert. Sofort fühlt sich Johannes wieder schuldig und absolut elend, weil er der Versuchung nachgegeben hat, die Vorstellung des *Herrschens* fallen zu lassen. Voller Gewissensbisse geht er nach Hause und erneuert seine ursprünglichen geistlichen Ziele.

Dann stürzt er sich in allerlei Aktivitäten, wodurch er die Schuldgefühle loszuwerden hofft, die ihn plagen, weil er meint, nicht ernsthaft genug bei der Sache zu sein. „Ich frage mich, wie lange ich dieses Mal erfolgreich herrschen werde“, sagt er bei sich, als er etwas müde auf die neun Kapitel aus dem 3. Buch Mose schaut, die er noch vor sieben Uhr zu lesen hat.

Obwohl es die Schrift sagt, erscheint uns doch die Vorstellung, ein *Gewinner* zu sein, in unserem täglichen Lebensablauf als Unmöglichkeit. Auch ein Christ mit den besten Absichten wird geradezu verkrüppelt durch die Aktivitäten, von denen er meint, sie tun zu müssen, um siegreich zu sein. Im Lauf der Zeit wird ihm dann das Auf und Ab seines geistlichen Lebens zum vertrauten Muster, und zwar so sehr, dass er es geradezu erwartet. Er fühlt sich eher wie ein elender Sklave, der dazu verurteilt ist, einen langsamen Tod zu erleiden, als ein freudiger Sohn und Erbe, der triumphierend in ewigem Leben herrscht.

Wenn Johannes zu dir käme, was würdest du ihm sagen?

____

____

____

____

Gerechtfertigt durch evangelikale Gesetze?

Diese Geschichte vom „Bemühen, Gott zu gefallen", stößt wohl im Herzen der meisten von uns auf Resonanz. Immer wieder haben wir uns vorgenommen, noch mehr zu versuchen, tatsächlich zu „herrschen", haben es am Ende aber müde und deprimiert aufgegeben, am Versagen resigniert. Warum?

Hast du dich schon einmal gefragt, ob dieses *Bemühen, Gott zu gefallen* tatsächlich der Weg dazu ist, *im Leben zu herrschen*? Man hat uns – leider – von den frühen Tagen unseres Lebens als Christ an gelehrt, dass Gebet, Bibelstudium, Gemeinschaft und Evangelisation die Dinge seien, die man *tun müsse, wenn man mit Gott im Reinen sein will.* So kämpfen wir uns verbissen durch dies alles hindurch in der Annahme, dass Gott lächelt, wenn wir darin treu sind, und die Stirn runzelt, wenn dem nicht so ist. Wir nehmen also an, dass wir einst unsere Errettung als freie Gabe Gottes erhielten, uns nun aber in schwerer Arbeit unter den „evangelikalen Gesetzen" abmühen müssen. Wie sonst könnten wir schließlich herrschen?

Schreibe Galater 3,2 (3) **hier nieder:**

Habt ihr ______________________________

____

____

Was ist die Antwort?

____

____

Die Galater hatten ihr Heil durch den Glauben erhalten, aber was versuchten sie nun zu tun?

(Gal 3,3) (4) ______________________________

____

Wie taten sie das?

(Gal 4,10) (5) ______________________________

____

Worunter hatten sie sich begeben?

(Gal 4,21) (6) ______________________________

____

Die Galater waren aus Glauben gerechtfertigt worden. Nun versuchten sie, durch das Einhalten der Anforderungen des Gesetzes zu leben, zu *herrschen*. Da erstaunt es nicht, dass Paulus verstimmt war: „O unverständige Galater!“ (Gal 3,1), schalt er sie. Er erkannte, dass sie nicht nur eine leicht unterschiedliche Betonung setzten, sondern sich in der Tat etwas zuwandten. Wem oder was wandten sie sich zu?

(Gal 1,6) (7) ______________________________

Alter Bund gegen Neuen Bund

Gesetzlicher Gehorsam irgendwelchen Regeln gegenüber, die Christen erfunden haben (z.B. *tu dies nicht, probier nicht davon, berühr das nicht*), mag vielleicht einen guten Beiklang haben, aber Paulus sagt, er sei nutzlos (Kol 2,20-23) (8). Das ist eine alttestamentliche Methode, das neutestamentliche Leben zu führen. Sie muss zum Versagen führen, weil man diese beiden, wie Öl und Wasser, nicht vermischen kann. Es handelt sich um völlig unterschiedliche Bundesschlüsse, die deutlich unterschiedliche Auswirkungen auf den Menschen haben.

Der Alte Bund wurde mit Mose geschlossen. Der zerbrach die beiden Tafeln, auf denen die zehn Gebote geschrieben waren, als er vom Berg Sinai zurückkehrte und die Israeliten bei der Verehrung des Goldenen Kalbes vorfand. Danach befahl er den Leviten, das Strafgericht auszuführen.

Was geschah?

(2 Mo 32,28) (9) ____

____

____

Der Neue Bund wurde am Pfingsttag durch den Heiligen Geist mit den Jüngern geschlossen. Als Petrus aus dem oberen Raum herabkam, beschuldigte er die Menschen eines schlimmeren Verbrechens als Götzendienst. Sie hatten Gottes Sohn getötet, den Herrn der Herrlichkeit. Ganz gewiss würde die Strafe für diese bösartige Tat schwerwiegend sein.

Was geschah?

(Apg 2,41) (10) ____

____

____

____

Die beiden Bundesschlüsse sind völlig verschiedenartig. Der Alte Bund war auf Steintafeln geschrieben (2 Mo 31,18) (11), der Neue Bund ist ins Herz geschrieben (Hebr 8,10) (12). Der Alte Bund betonte den Gehorsam dem Gesetz gegenüber und brachte Gericht und Verurteilung, der Neue betrachtet die freie Gabe der Gnade und bringt Barmherzigkeit und Freisetzung.

Bevor Jesus starb, wurden wir durch das Gesetz verurteilt. Als wir aber unser Vertrauen auf Christus setzten, da verließen wir uns auf ihn, die Forderungen des Gesetzes für uns zu erfüllen und uns von dessen Ansprüchen zu befreien. Deshalb ist Christus „des Gesetzes Ende, jedem Glaubenden zur Gerechtigkeit“ (Röm 10,4).

Schlage 2. Korinther 3,9 (13) auf.

Wie wird der Alte Bund bezeichnet?

____

Wie wird der Neue Bund bezeichnet?

____

Was ist nun der Alte Bund?

(Heb 8,13) (14) ______________________________

Herrschen im Leben

Wenn Gott etwas Neues gibt, hat es keinen Geruch des Alten an sich. Das erste Wunder Jesu war, Wasser für die rituelle Reinigung in Wein zu verwandeln (Joh. 2,1-11) (15). In anderen Worten: er nahm etwas aus dem Umfeld des Gesetzes und gab ihm einen völlig neuen Geschmack. Entsprechend seiner eigenen Pfingsterfahrung bot Petrus den Leuten nicht noch eine Reihe von Gesetzen, sondern eine neue Erfahrung der Kraft des Heiligen Geistes an (Apg 2,17) (16).

Fülle die Lücken aus:

(2 Kor 5,17) (17) Das __________ ist ________________ siehe

______________ ist ______________________________

Christen sind nicht zurechtgeflickte, sondern neue Kreaturen. Gott hat uns ein völlig neues Leben gegeben. Wir werden nicht mehr erlöst durch das Halten äußerer Vorschriften, sondern göttliche

Wünsche sind jetzt in unser Herz geschrieben (2 Kor 3,2-3) (18) und neues Leben flutet von innen heraus.

Ein Volk des Neuen Bundes soll auch in der Art des Neuen Bundes herrschen. Da wir ja „nicht unter dem Gesetz, sondern unter der Gnade" (Röm 6,14) (19) stehen, können wir im Leben nicht durch gesetzlichen Gehorsam allen möglichen äußerlichen evangelikalen Geboten gegenüber reagieren. Es gibt nur einen Weg, um zu siegen, und der hat absolut nichts mit Werken zu tun. Diejenigen, die im Leben herrschen, sind erstaunlicherweise gerade nicht die, die sich abmühen, besser zu sein, sondern es sind solche, die die Fülle der Gnade und der Gabe zur Gerechtigkeit

______________________ (Röm 5,17) (20).

Fülle das entscheidende fehlende Wort mit einem Rotstift aus.

Der alte Bund war auf Leistung ausgerichtet. Jesu Leistung stellte seinen Vater völlig zufrieden. Wenn Gott auf seinen Sohn sieht und uns durch ihn annimmt, wie können wir dann noch meinen, Gottes Extra-Anerkennung dadurch zu erlangen, dass wir zu einer Tretmühle toter Werke zurückkehren?

Der Neue Bund ist nicht auf Leistung, sondern auf Stellung ausgerichtet. Durch das Kreuz hat Jesus uns in eine Herrschaftsstellung emporgehoben. Wir sind mit ihm in die Himmelswelt versetzt (Eph 2,6) (21) und angenommen in dem Geliebten (Eph 1,6) (22).

Andere oder sogar wir selbst mögen versuchen, *religiöse Gesetze* auf uns zu legen, aber Gott sind sie fremd. Sie gehören zu einem anderen Evangelium, das der Gesetzlichkeit und nicht der Beziehung angehört.

Pflichterfüllung ist etwas, was von Knechten verlangt wird. Jesus sagte: „Ich nenne euch nicht mehr Knechte (Sklaven) ... euch aber habe ich Freunde genannt" (Joh 15,15) (23). Er will, dass wir nicht nur dem Namen nach Freunde sind, sondern uns auch als solche verhalten, mit einer neuen Motivation: nicht Gesetz, sondern Liebe, nicht Pflichterfüllung, sondern freier Wille.

Also gib das gesetzliche christliche Kämpfen auf. Es wird Gott sowieso nicht mehr beeindrucken als die guten Werke, die du tatest, bevor du an Jesus geglaubt hast. Freu dich stattdessen in dem Wissen, im Leben herrschen zu können, wenn du Gottes überströmende Gnade und die Gabe der Gerechtigkeit empfängst. Lebe nun in dem, was Christus schon für dich getan hat.

Herr Gesetz und Herr Gnade

Die frommen Juden zur Zeit Jesu glaubten, durch äußerst gewissenhafte Beachtung des Gesetzes das Heil erlangen zu können. Unter dem Gesetz verstanden sie aber nicht nur die alttestamentlichen Gebote, die durch Mose gegeben worden waren, sondern noch eine große Anzahl zusätzlicher Gesetze. Diese zusätzlichen Regelungen entsprangen ihrer Auslegung des Gesetzes. So verzehnteten sie nicht nur ihr Einkommen, sondern ebenso ihre Minze, Anis und Kümmel (Mt 23,23) (24). Wenn wir das Neue Testament lesen, wird zunehmend deutlich, dass die Pharisäer durch die Forderungen des Gesetzes völlig gebunden waren. Diese Tatsache wird am deutlichsten in ihren Begegnungen mit Jesus.

Suche die Aussagen (nicht unbedingt die ganzen Sätze), welche die ausschließliche Beschäftigung der Pharisäer mit dem Gesetz betonen und notiere sie:

(Mt 12,2) (25) ______________________________

____

(Mt 12,10) (26) ______________________________

____

(Mk 10,2) (27) ______________________________

____

(Lk 20,22) (28) ______________________________

____

(Joh 5,10) (29) ____

____

Die Ungläubigen heute betrachten Christen als Leute, die genauso gefangen sind in Regeln, wie die Pharisäer es waren. Da dies der Fall ist, so argumentieren sie, sei es besser, jetzt das Leben zu genießen und Christ zu werden, wenn man älter ist und Gott stärker benötigt. Obwohl Gläubige darin übereinstimmen, dass ihr Leben nicht durch Gesetze beherrscht wird, wie das bei den Pharisäern der Fall war, fragen sie sich vielleicht, welche Antwort sie auf die Frage: *Sind Christen unter dem Gesetz oder nicht?* geben sollten. Schließlich: Sagte Jesus nicht, dass er gekommen sei, das Gesetz aufrechtzuerhalten?

Denkst du, dass Christen unter dem Gesetz sind oder nicht?

- O JA
- O NEIN
- O ICH WEISS NICHT

Herr Gesetz

Der Apostel Paulus beantwortet diese Frage mit einem Bild. *Die Menschheit,* so sagt er, *ist die Ehefrau eines Gemahls namens Gesetz* (Röm 7,1-6) (30). Herr Gesetz hält uns völlig unter seinem Daumen. Er sagt uns, wo wir falsch liegen und kommandiert uns ständig herum: *tu dies, mach das nicht.* Als strenge verurteilende Gestalt rührt er niemals auch nur einen Finger, um uns zu helfen, seine Anforderungen zu erfüllen. Er hat auch immer Recht. Wenn er etwas sagt, gibt es keine Diskussion mehr. Das ist das Gesetz.

Die Situation wird noch verschärft, wenn man bedenkt, dass die Ehefrau von Herrn Gesetz nicht einfach weglaufen und jemand anders heiraten kann. Wir mögen Jesus sehen und mit ihm leben wollen, aber wir wissen, dass wir geistlichen Ehebruch begingen, wenn wir unseren gegenwärtigen Ehemann verließen (Röm 7,2.3) (30). Wir sind nicht frei. Herr Gesetz hat uns an sich gebunden, bis dass der Tod uns scheide. Er selbst wird niemals vergehen (Mt5,18) (31) und wir können ihn nicht beseitigen.

Sterben, um vom Gesetz entbunden zu werden

Es gibt nur eine Antwort auf unser Problem.

Fülle die Lücken aus:

(Röm 7,4) (30) So seid auch ihr, ______________________ dem

______________________ worden durch den __________ des Christus.

Unser Tod durch Christus hat die Ehebande zum Gesetz zerbrochen. Wir sind deshalb frei, uns mit einem anderen Ehemann zu verbinden.

Die Freilassung vom Gesetz ist ein unverkennbar deutlicher Einschnitt und kann mit der Entlassung eines Soldaten aus der Armee verglichen werden. Bis zu einem festen Zeitpunkt ist der junge Rekrut aller Härte und Disziplin der militärischen Ausbildung unterworfen. Er steht unter Ordnungen, die er buchstäblich zu befolgen hat. Am Tag der Entlassung schlendert er jedoch gleichgültig über den Exerzierplatz: ein freier Mann. Bestürzt vom Anblick dieses schlampigen Soldaten brüllt der Feldwebel ihm entgegen, zurückzugehen und die Hab-Acht-Stellung einzunehmen. Zunächst duckt sich der ehemalige Soldat bei dem vertrauten Schrei, dann erinnert er sich daran, dass dieser Mann, der bisher sein Vorgesetzter war, keine Autorität mehr über ihn hat. So hebt er seine Hand und winkt Auf Wiedersehen. Der Feldwebel kann schreien, so laut er will, es bleibt ohne Folgen. Er kann niemanden herumkommandieren, der entlassen wurde.

Die Antwort auf die Frage *Sind Christen unter dem Gesetz*? lautet *Nein*.

Für wen ist das Gesetz bestimmt?

(1 Tim 1,9.10) (32)____________________________

____

____

____

____

Das Gesetz ist nicht bestimmt für Gläubige, weil sie ihm gegenüber gestorben (Gal 2,19) (33) und völlig aus seinem Dienst entlassen sind. Herr Gesetz kann fortfahren, endlose Forderungen an uns zu stellen, wenn er will, aber wenn wir wissen, wo wir stehen, werden wir ihm nicht Folge leisten. Die Gläubigen von Kolossä haben diese völlige Freiheit vom Gesetz nicht ganz verstanden. Nachdem sie befreit worden waren, unterwarfen sie sich erneut Vorschriften und Regeln.

Worin bestanden diese?

(Kol 2,21) (34)________________________________

____

Paulus musste darauf hinweisen, dass diese Handlungen einen

äußerlichen Anschein von Weisheit hatten, aber ohne inneren Wert waren (Kol 2,22.23) (35). Anstatt zu versuchen, durch auferlegte Vorschriften ein gottesfürchtiges Leben in den Christen hervorzubringen, erinnert er sie an ihre neue Stellung in Christus und fordert sie auf, in ihrem neuen Leben zu wandeln (Kol 3,1-5) (36).

Als Paulus zu den Korinthern über sexuelle Unmoral spricht, kehrt er nicht zum Gesetz zurück, um zu sagen: *Du sollst nicht ehebrechen*. Stattdessen weist er sie darauf hin, dass ihr Leib ein Tempel des Heiligen Geistes ist (1 Kor 6,19)(37) und argumentiert, da dies der Fall sei, sollten sie Gott mit ihrem Leib Ehre bereiten (1 Kor 6,20) (38). Er gebraucht ein neutestamentliches Argument, nicht ein alttestamentliches. Ebenso wenig beruft sich Paulus auf das Alte Testament, als er zu ihnen über die besonderen Opfergaben für die Armen spricht.

Setze die fehlenden Wörter in die Lücken ein:

(2 Kor 8,8) (39) Nicht ______________________ spreche ich,

sondern um ______________________________________

die ______________________________________ zu prüfen.

Seine Bitte um finanzielle Hilfe gründet sich nicht auf Gehorsam dem Gesetz gegenüber, sondern auf die Hingabe an Christus. Paulus erinnert die Korinther daran, dass Jesus seine Schätze für sie aufgegeben hat und dass ihr Geben eine natürliche Antwort darauf ist.

Wenn wir also vor irgendeiner Frage stehen, gehen wir nicht von einer alttestamentlichen Perspektive aus an sie heran: *du sollst / du sollst nicht* .... Wir wenden neutestamentliche Prinzipien an und erarbeiten von ihnen aus die göttlichen Richtlinien für unser Handeln.

Herr Gnade

Wir sind für Herrn Gesetz nicht gestorben, damit wir weglaufen können, um unsere eigene unabhängige Sache zu tun und einfach ein freier Mensch zu sein, sondern um zu einem anderen zu gehören (Röm 7,4) (40). Diese Person ist Jesus.

Der Unterschied zwischen den beiden Ehemännern ist phänomenal. Herr Gesetz war ein anmaßendes und forderndes Individuum. Er ermüdete und belastete uns mit Vorschriften, weigerte sich aber, uns zu helfen. Welche Eigenschaften hat dagegen Jesus?

gitümtfnas dnu nov nezreh gitümed
(entwirre den Buchstabensalat)

(Mt 11,29) (41) ______________________________

____

Er gibt uns gerne:
ehur rüf eresnu nelees, nie setfnas hcoj dnu enie ethciel tsal
(entwirre den Buchstabensalat)

(Mt 11,29.30) (42) ______________________________

____

Jesus kann seiner Braut etwas anbieten, was das Gesetz ihr niemals anbieten konnte: Liebe. Jesus hat seinen himmlischen Vater und seine irdische Mutter verlassen, um mit uns verbunden zu werden, und erlitt einen qualvollen Tod am Kreuz, um uns zu gewinnen. Wenn der Vater die erwählte Braut seines Sohnes sieht, stimmt er zu und bestätigt, dass wir für Jesus von Grundlegung der Welt an erwählt wurden. Unser neuer Ehemann erfüllt alles, was wir uns nur wünschen könnten. Er teilt sein ganzes Leben mit uns, zeigt Anteilnahme an unserem Wohlergehen, schenkt uns Mitgefühl, Schutz, Barmherzigkeit und Gnade. Er überschüttet uns mit geistlichen und materiellen Gaben und wenn wir Hilfe brauchen, hört er hin und tritt bei seinem Vater für uns ein. Wahrhaftig, die Braut Christi sollte außer sich sein vor Liebe zu ihrem Ehemann. Er ist alles, was sie sich je wünschen könnte, und hat wunderbare Pläne für unsere zukünftige Beziehung zu ihm gemacht.

Leben, um mit Christus vereinigt zu werden

Herr Gesetz war nicht nur unfähig, seine Frau zu lieben, er war auch kraftlos und unfähig, ihr geistliche Frucht zu geben (Gal 3,21) (43). Gesetze können niemals Leben erzeugen. Sie können nur Linien zwischen *Richtig* und *Falsch* ziehen, sich auf unsere Fehler stürzen und uns unter eine Wolke der Verdammnis setzen.

Schreibe Römer 7,10 (45) **in die Leerzeilen:**

____

____

____

In völligem Gegensatz dazu ist Jesus ein lebensspendender, fruchtbarer Ehemann. „Wer in mir bleibt und ich in ihm, der bringt viel Frucht (Joh 15,5) (48). Diese Aussage spiegelt den ursprünglichen Wunsch des Vaters für seine Kinder wieder: „Seid fruchtbar und vermehrt euch!" (1 Mo 1,28) (46). Der Segen der Fruchtbarkeit, der einst auf Adam und Eva ruhte, ruht jetzt auf Jesus und seiner Braut, der Gemeinde. Jesus möchte, dass wir eine innige Liebesbeziehung zu ihm haben. Die Ehe ist vollzogen, wenn wir zum ersten Mal sein Wort aufnehmen und Christen werden (Joh 15,3) (47). Da die Worte Jesu „Geist und Leben" (Joh 6,63)

(48) sind, werden wir nur Frucht bringen, wenn wir ihnen gestatten, in uns zu wohnen (Joh 15,4) (49). Während wir fortfahren, in dieser innigen Nähe zu Jesus zu leben, indem wir seine Weisung im Wort aufnehmen, wird Gott unsere Gebete beantworten (Joh 15,7) (50). Jesus wird uns mit Freude erfüllen, indem er uns zu fruchtbaren Christen macht.

Lies Johannes 15,8 (51). **Inwiefern betrifft unsere Fruchtbarkeit den Vater?**

Bigamie?

Eine Frau, die mit ihrem neuen Ehemann glücklich ist, wird sicherlich nicht zu ihrem alten zurückkehren. Christen geraten jedoch oft in eine schreckliche Falle. Obwohl wir von unserem alten Ehemann befreit wurden, fällt es uns schwer, mit unseren früheren Einstellungen über uns selbst und unseren Selbstwert zu brechen. Nachdem wir uns an der herrlichen Freiheit unserer neuen Ehe gefreut haben, können wir immer noch gegenüber dem Gefühlsdruck der Unwürdigkeit und sogar der Verdammnis anfällig werden. Dann wird der Teufel sehr aktiv und versucht uns einzureden, dass wir uns zu wenig anstrengen, um unserem neuen Ehemann zu gefallen.

Tragischerweise glauben wir ihm. Es braucht nicht lange, bis wir verzweifelt versuchen, unserem neuen Mann zu gefallen, indem wir die Art von Vorschriften beachten, die unser alter Mann von uns forderte. Dadurch hoffen wir, alle Verdammnisgefühle abzuschütteln.

Was ist schief gelaufen? Ganz einfach: Die Frau ist zu ihrem alten Ehemann zurückgekehrt. Die liebevolle Beziehung, die sie einst zu Jesus hatte, hat sich in ein gesetzliches Streben verwandelt, um die Anforderungen des evangelikalen Gesetzes zu erfüllen. Das ist geistlicher Ehebruch und wird niemals funktionieren.

Jesus möchte unseren eingewurzelten Glauben zerschlagen, welcher sagt, wir müssten uns, um ihm zu gefallen, durch eine Liste von christlichen Vorschriften und Regelungen pflügen. Christen sind ihrer Beziehung zum Gesetz abgestorben und dürfen sich niemals erlauben, zu ihm zurückgelockt zu werden.

Fülle die Lücken aus:

(Röm 7,6) (52) Jetzt aber sind wir von dem ____________________

____________________ da wir dem ________________ sind, worin wir

________________________ wurden, so dass wir in dem ____________

des ____________________________________ dienen und nicht in dem

__________________ des ____________________________________

Jetzt ist es an der Zeit, dass du dem Herrn Gesetz für immer den Rücken kehrst. Beseitige jedes Gepäckstück von *pflichtbewusstem Streben*, das aus seinem Haus stammt, entbinde dich selbst von jedem Einfluss, den er über dein Leben ausübt, schlag die Tür vor ihm zu, verabschiede dich endgültig und ziehe bei Jesus ein. Eine fortlaufende Liebesbeziehung erwartet dich. Erfreue dich daran! Vielleicht erinnerst du dich einiger *religiöser Gesetze*, von denen du immer dachtest, du müsstest sie halten, um Gott zu gefallen und ein *guter Christ* zu sein. Schreibe einige Dinge auf, von denen du weißt, dass du sie hinter dir lassen oder neu einordnen musst.

Der Christ – sündig oder gerecht?

Bist du gerechtfertigt? Die meisten Christen würden diese Frage wahrscheinlich verneinen. *Nun ja, äh,... ich würde sagen, nicht wirklich gerechtfertigt, aber ...*, käme als bescheidene Antwort zurück. *Ich versuche zu tun, was Gott will, aber man kann sich ja immer noch verbessern.* Bis zu diesem Punkt würde ein Gespräch vielleicht gehen, aber der persönliche, verborgene Kampf, vor Gott gerecht zu sein, ist wahrscheinlich viel heftiger.

„Gerecht! *Du?* Du machst wohl Witze!" Sobald unser Gesprächspartner weg ist, ist der Teufel zur Stelle. „Du tust vielleicht einigen Leuten hin und wieder etwas Gutes, du liest ab und zu in der Bibel und betest. Schau dir jedoch an, was du alles *nicht* tust. Schau dir an, was du falsch machst. Du weißt doch, dass du in deinem Leben nicht siegreich sein kannst, indem du dir Mühe gibst, Gott zu gefallen. So kannst du also schon gar nicht in Anspruch nehmen, gerechtfertigt zu sein."

Wenn du dann darüber nachdenkst, was der Teufel dir gesagt hat, dann fühlst du dich schon schuldig, nur daran gedacht zu haben, vielleicht wenigstens etwas gerecht zu sein. „Da ist kein Gerechter, auch nicht einer" (Röm 3,10) (53), fällt dir dann ein. Natürlich, Jesus ist gerecht (1 Joh 2,1) (54), aber Menschen sind es nicht. Sie sind nur Sünder und durch Gnade errettet. Wohl können sie, durch Liebe motiviert, rechtschaffen leben und handeln, doch ist es bedauerlich, dass ausgerechnet du selbst so wenig davon sichtbar werden lässt.

Die Anklage

Satan stand einst neben Josua, um ihn anzuklagen.

Welche Kleidung trug Josua?

(Sach 3,3) (55) ______________________________

Was hat dies symbolisiert?

(Sach 3,4b) (56) ______________________________

Was sagte Gott zu Satan?

(Sach 3,2a) (57) ______________________________

____

____

Was tat Gott für Josua?

(Sach 3,4) (56) ______________________________

____

____

Sobald der Hohepriester Josua vor den Thron trat, war Satan da, um ihn anzuklagen. Es gab viele Dinge an Josua, die sein Widersacher hätte vorbringen können, aber Gott ließ es nicht zu. Er brachte Satan zum Schweigen, noch bevor dieser auch nur ein Wort gegen Josua sagen konnte. Wir sind Priester Gottes (1 Petr 2,9) (58) und Satan ist unser Ankläger.

Wie viele Stunden am Tag ist er aktiv?

(Offb 12,10) (59) ______________________________

Satan klagt uns ständig an, hauptsächlich um uns davon abzuhalten, Gott unser priesterliches Opfer der Anbetung darzubringen. Er ist ein sehr erfahrener Gegenspieler. Im Lauf der Jahre hat er seine Angriffstechniken besonders in diesem Bereich fast perfektioniert und dadurch vielen unwürdigen Gläubigen eine lebenslange Gefängnisstrafe *gerechter Werke* auferlegt. Seine Redegewandtheit sichert ihm dabei buchstäblich in jedem Fall einen Schuldspruch.

Wie geht er dabei vor? Nun, zuerst einmal vermischt er Wahrheiten, Halbwahrheiten und aus dem Zusammenhang gerissene Bibelverse miteinander. Dann präsentiert er überzeugend sein Beweismaterial gegen uns: armselige Gebetszeiten, Mangel an Liebe zu anderen, allgemeines Versagen, unser Leben gottgefällig zu führen. Beispiel um Beispiel unserer Erbärmlichkeit wird über uns ausgeschüttet und wir sitzen dabei auf der Anklagebank, nicken zustimmend mit dem Kopf und versinken in Verdammnisgefühlen. Als Satan versuchte, Josua anzuklagen, brachte Gott ihn zum Schweigen. Wir dagegen hören häufig leider lieber dem Satan zu. Wir gestatten dem Teufel, immer weiter über unsere Unfähigkeit zu dozieren und vergessen dabei völlig, einen Rechtsanwalt mit unserer Verteidigung zu beauftragen oder auf einen solchen zu hören. Es gibt keine Verteidigung, denken wir, ich bin schuldig und muss mein Leben als Christ wieder irgendwie in Ordnung bringen.

Die Verteidigung

Bring einen geschickten Rechtsanwalt in den Gerichtssaal und er wird dich verteidigen. Er sitzt zu diesem Zeitpunkt des Verfahrens eigentlich schon auf der Stuhlkante, bereit aufzuspringen und mit Gegenbeweisen zu deinen Gunsten aufzuwarten, denen die Anklage niemals widersprechen könnte, ja, die dich für immer freisprechen würden.

Der Rechtsanwalt wird Einspruch erheben aufgrund der Tatsache, dass Gott eine erstaunliche Abmachung getroffen hat, die dem Angeklagten einen Urteilsspruch bringen muss, der „nicht schuldig" lautet, denn er gründet sich auf die Wahrheit aus Röm 8,1: „Also gibt es jetzt keine Verdammnis für die, die in Christus Jesus sind".

Sünder in Adam

Die Bibel sagt uns, dass alles, was Gott geschaffen hat, sehr gut war (1 Mo 1,31) (60). Sünde war demnach nicht natürlicher Bestandteil der Schöpfung, sondern kam von außen hinzu. Leider hatte dies tragische Auswirkungen.

Ergänze den Text:

(Röm 5,12) (61) Darum, ______________________________

die______________________________ ist,und __________

Sünde, ______________________________ zu allen __________

______________________________ weil ______________

____

Es gibt eine Wirklichkeit, die der natürliche Mensch mehr als alles andere fürchtet: den Tod. Der Reiche muss sich vor ihm beugen wie der Arme, der Junge, der Alte, der Arbeitslose wie der Beschäftigte, der Schwache wie der Starke. Es ist ein unbeliebtes Thema, etwas, worüber man nicht spricht, es sei denn im Spaß oder wenn es sich nicht vermeiden lässt.

Wie beeinflusst die Angst vor dem Tod den Menschen?

(Hebr 2,15) (62) ____

____

Als Adam sündigte, sündigten auch wir. Wir können uns nicht daran erinnern, mit Adam gesündigt zu haben, aber Gott hat seine Sünde auf unser Konto geschrieben und den Urteilsspruch „schuldig" über uns verhängt. Wir konnten seinem Gericht auch nicht ausweichen, indem wir *Gutes* taten, weil selbst unsere Gerechtigkeit für ihn wie ein „beflecktes Kleid" (Jes 64,5) (63) war, und das konnte uns nicht aus Adam herausnehmen.

Es gab nur eine Antwort. Was war notwendig?

(Joh 3,3) (64)____

Gerecht in Christus

Die Bibel sagt uns, dass Adam ein „Bild des Zukünftigen" – Christus – ist (Röm 5,14) (65). Mit anderen Worten: Die Art und Weise, wie Adams Sünde die ganze Menschheit beeinflusste, zeigt uns etwas darüber, wie der Gehorsam Jesu alle diejenigen beeinflussen wird, die ihn aufnehmen und *in Christus* neue Kreaturen werden. Adam und Christus sind die Anführer zweier verschiedener Geschlechter. Was ihnen geschieht, wird auch uns beeinflussen.

Wenn im Alten Bund jemand ein Opfer zum Altar brachte, dann machte er sich über seine eigene äußere Erscheinung nicht allzu viele Gedanken. Er war nicht darüber besorgt, vielleicht ein schmutziges oder zerrissenes Gewand zu tragen, das dem Priester auffallen und ihn vielleicht vom Opfer ausschließen würde. Seine ganze

Besorgnis war: Ist mein Opferlamm in Ordnung? Wird der Priester einen Makel daran finden? Ist es gut genug für Gott? Wird dieses Opfer meine Schuld sühnen?

Im Neuen Bund brauchen Christen sich nicht unwürdig zu fühlen, wenn sie sich Gott nahen. Es wird nicht erwartet, dass wir auf unsere eigene Gerechtigkeit vertrauen, sondern auf die Gerechtigkeit Christi. Er ist unser Opferlamm und hat keine Fehler oder Makel (1 Petr 1,19) (66). Sein vollkommenes Opfer hat uns völlig ausreichend mit dem Vater versöhnt.

Wir können dem Opfer Christi keinerlei persönliche Gerechtigkeit mehr hinzufügen, um es dadurch etwa noch etwas besser oder annehmbarer zu machen. Was schon vollkommen ist, kann nicht mehr verbessert werden. Aus diesem Grund sagt uns die Schrift, wir dürfen „mit Freimütigkeit hinzutreten zum Thron der Gnade" (Hebr 4,16) (67). Unsere Zuversicht beruht dabei nicht auf uns selbst, sondern auf demjenigen, der sein Leben für uns gab.

Errettung ist ein Geschenk (Röm 6,23) (68). In dem Moment, in dem wir sie empfangen, werden wir aus Adam herausgenommen und in Christus hineinversetzt und ebenso, wie uns unsere Verknüpfung mit Adam verurteilt hat, rechtfertigt uns nun unsere Beziehung zu Christus.

Fülle die Lücken aus:

(Röm 5,16) (69) Und ______________________ ist es nicht

so, ____

kam, der ______________________ Denn das Urteil führte

____

Gerechtigkeit.

Der Ankläger, zornig über diese Verteidigung, schaut zum Hohen Gericht, welches in den Gerichtssaal hinein die Frage stellt: „Wer wird gegen Gottes Auserwählte Anklage erheben? Gott ist es, der rechtfertigt. Wer ist, der verdamme? (Röm 8,33.34a).

Schreibe Römer 8,1 (70) **nieder:**

„Ach ja", sagt da der Angeklagte und schaut nervös auf den Ankläger, „ich verstehe, dass ich aus Adam herausgenommen und in Christus hineinversetzt worden bin, aber ich fühle mich immer noch schuldig und weit davon entfernt, wo Gott mich haben will".

Die Anklagevertreter nicken zustimmend, doch da richtet der Anwalt seine ganze Aufmerksamkeit auf den Angeklagten und fährt fort: „Aber verstehst du denn nicht, dass du nicht nur errettet worden bist, sondern dir gleichzeitig auch die ganze Gerechtigkeit Christi zugerechnet wurde?" Das lässt den Angeklagten erstaunt aufhorchen.

Lies 5. Mose 6,25 (71). **Was verlangte Gott von seinem Volk?**

Was wäre das Ergebnis?

____

Der Apostel Paulus war einst „der Gerechtigkeit nach, die im Gesetz ist, untadelig geworden“ (Phil 3,6) (72). Als er aber Christ wurde, veränderte sich seine Vorstellung darüber, wie man gerecht werden kann, völlig.

Korrigiere die folgende Aussage:

„In ihm (Christus) erfunden, habe ich meine Gerechtigkeit aus mir selbst, die aus dem Gesetz kommt, neben der Gerechtigkeit, die aus dem Glauben an Christus kommt, eine zusätzliche Gerechtigkeit, die von Gott kommt und durch Glauben erlangt wird.“

(Phil 3,9) (73) ______________________________

____

____

____

____

Die Antwort auf die Frage: *Bist du gerechtfertigt?* lautet: *Ja!* Den Beweis hierfür finden wir in der Bibel.

Fülle die Lücken aus:

(Röm 3,21.22) (74) Jetzt aber ______________________

______________ worden, ______________________

______________________________ GottesGerechtigkeit

für alle, ____

(Röm 4,4) (75) Dem aber, ___________________________ wird

____ nach Gnade,

____ Schuldigkeit.

Gerechtigkeit erhalten wir mit Jesus – umsonst! Wir herrschen im Leben, indem wir die Überschwänglichkeit der Gnade und die Gabe der Gerechtigkeit empfangen (Röm 5,17) (76). Adam hat uns einst zu Sündern gemacht, nun aber macht Christus uns gerecht. Auch sind wir nicht nur für eine Zeit lang gerecht, sondern für immer. Jesu vollkommene Gerechtigkeit ist uns gegeben und er ist „derselbe gestern und heute und in Ewigkeit" (Hebr 13,8). Gott betrachtet uns immer als *in göttliche Gerechtigkeit gehüllt*, wie Wesleys großartiges Lied „Gekleidet in göttliche Gerechtigkeit" es ausdrückt.

Fülle die Lücken aus:

(Röm 4,23.24) (77) Es ist aber ____________________________

geschrieben, sondern auch ________________________________

____________________, die wir _________________________

____ hat.

„So erhebe ich Einspruch", fährt der Rechtsanwalt fort, „aufgrund der Tatsache, dass jemand, der von Gott gerecht gesprochen wurde, nicht als schuldig verurteilt werden kann. Wenn Gott ihn gerechtfertigt hat, dann braucht er sich hier nicht zu verantworten, denn er kann nicht gleichzeitig gerechtfertigt und schuldig sein."

Der Angeklagte sitzt im Zeugenstand und staunt. Plötzlich beginnt er zu verstehen, dass seine Schuldgefühle nicht die Wirklichkeit widerspiegeln. Er kann ja gar nicht versuchen, gerecht zu werden, weil er es ja schon ist, und dies wiederum bedeutet, dass er sich selbst nicht noch mehr, oder auch weniger, gerecht machen kann.

Die Antwort auf Verdammnisgefühle heißt nicht *Heiligung*, sondern *Rechtfertigung*. Alles, was er tun muss, besteht darin, sich in Jesus zu bergen. „Ich dachte, ich könne nicht gewinnen", sagt er zu sich selbst, „wo doch die Wahrheit ist, dass ich nicht verlieren kann!"

Der Ankläger sendet eine Flut feuriger Erwiderungen und Anschuldigungen in Richtung Anklagebank, doch keine von ihnen erreicht ihr Ziel. Der Angeklagte trägt den Brustpanzer der Gerechtigkeit, der jegliche Verdammung zum Schweigen bringt. Geschlagen schleicht sich Satan aus dem Raum.

Jesus, unser Anwalt, lächelt dabei und schließt seinen Fall ab. Der Angeklagte verlässt den Gerichtssaal als freier und gerechtfertigter Mensch, entschlossen, sich niemals mehr unter Verdammnisgefühle bringen zu lassen.

Wofür lebt Jesus?

(Hebr 7,25) (78) ______________________________

____

____

____

____

Schreibe 1. Johannes 2,1 (79) **nieder:**

Das Gesetz – sündig oder gut?

Am Kreuz war Jesus der Verdammnis und dem Urteil des Gesetzes ausgesetzt. Mit ihm sind wir dem Gesetz gestorben. Es kann uns deshalb nichts mehr anhaben. Wir dienen nun Gott auf eine völlig andere Art und Weise: nicht mit neuen Gesetzen, sondern mit neuen Herzen.

Da wir von den Ansprüchen des Gesetzes befreit sind, fragen wir uns vielleicht, wo es in Gottes Plan eigentlich seinen Platz findet. Bewirkt es tatsächlich irgendetwas? Und wenn uns das Gesetz in Knechtschaft bringt, kann man dann nicht auch schlussfolgern, dass Gesetz und Sünde gleichermaßen schlecht sind? Das eine verschlimmert einfach das andere.

Der Apostel Paulus sah diese Frage voraus: „Ist das Gesetz Sünde?" (Röm 7,7), fragte er, um dann diesen Gedanken weit von sich zu weisen und die Absicht des Gesetzes zu erklären.

Das Gesetz offenbart Sünde

Was lässt uns das Gesetz bewusst werden?

(Röm 3,20) (80) ____

Gott hat einem jeden Menschen ein Gewissen gegeben, doch nicht jeder lässt es auch zu, dass dieses tatsächlich sein Handeln bestimmt. Der Mensch neigt eher dazu, sein Gewissen zugunsten dessen zu beugen, was er tun möchte. Aus diesem Grund leben beispielsweise unverheiratete Paare zusammen, werden Steuererklärungen frisiert, töten Mütter ihre ungeborenen Kinder. Fluchen, Lügen und Trunkenheit werden zur allgemeinen, akzeptierten Praxis.

In einer Gesellschaft, die *fast alles erlaubt*, fällt es den Leuten schwer zu definieren, was denn ein reines Gewissen tatsächlich ist. „Ich habe meinem Gewissen gehorcht!“, sagte der Spion Anthony Blunt. Hat er aber dabei nicht seine Nation verraten?

Obwohl unbekehrte Menschen ihr Gewissen dahingehend ausrichten können, irgendwelchen Gesetzen zu gehorchen, die *Richtig* und *Falsch* festlegen, brauchen sie doch absolute Werte, an denen sie ihr Verhalten messen können. Da sie keine klaren Richtlinien haben, was zu tun bzw. zu lassen sei, richten sie ihr Handeln selbstverständlich nur nach dem aus, was ihnen ihr jeweiliges Gewissen erlaubt.

Gottes Gesetz dagegen bietet dem Menschen eine definitive und objektive Aussage über das, was annehmbar oder nicht annehmbar ist. Die Pharisäer dachten, Sünde bezöge sich nur auf äußerliches Verhalten. Deshalb versuchten sie sich mit dem Hinweis zu rechtfertigen, sie hätten noch niemals Ehebruch begangen oder gemordet.

Das Gesetz sagt jedoch: „Du sollst nicht begehren...“ (2 Mo 20,17) (81) und Jesus machte deutlich, dass dies einen Vorgang im menschlichen Herzen beschreibt (Mt 5,28) (82). In der Haltung liegt ebensoviel Sünde wie in der eigentlichen Handlung. Feststellen lässt sich dies jedoch nur durch das Gesetz.

Nimm eine *Gute Nachricht*-Übersetzung zur Hand und schreibe Römer 7,7 (83) **hier auf:**

____

____

____

____

____

____

____

Vervollständige den Satz:

(1 Joh 3,4a) (84) Jeder, der ________________________________

____

____

Dies bedeutet: Das Gesetz verkündigt den Standard Gottes. Es setzt die Grenzlinien von *Falsch* und *Richtig* und offenbart uns, was Sünde eigentlich ist.

Was ist Sünde? (Zerlege das Wort in seine Bestandteile)

(1 Joh 3,4b) (84) G __________ -l __________ -k __________

Das Gesetz provoziert die Sünde

Nehmen wir an, heute ist ein wunderschöner, sonniger Tag und du hast dich entschlossen, in einen Park zu gehen. Du nimmst deinen Hund mit, stellst jedoch bei deiner Ankunft fest, dass Hunde im Park verboten sind. Sofort lehnt sich etwas in dir gegen diese Vorschrift auf: „Mein Hund ist wohlerzogen; ich wüsste nicht, warum ich ihn nicht mitnehmen könnte. Außerdem werde ich ihn ja an der Leine halten."

So spazierst du nun durch den Park, bis dir nach einiger Zeit eine Reihe von Schildern am Wegrand auffallen: *Rasen betreten verboten*. Bis zu diesem Zeitpunkt hattest du wahrscheinlich überhaupt nicht die Absicht, auf dem Rasen zu gehen, doch da du dir dieser Vorschrift plötzlich bewusst bist, stellst du das Verlangen in dir fest, sie zu übertreten. Die Sünde lag im Schlafzustand, bis sie provoziert wurde. Daraufhin reagierte etwas in dir auf das Verlangen zu sündigen.

Schreibe Römer 7,8 (85) **nieder:**

____

____

____

____

Viele Menschen sagen heute, sie glaubten an Gott, doch verstehen sie ihn als jemanden, der uns weder moralische Gesetze auferlegt, noch sonst irgendwelche Anforderungen an uns stellt. Sagen wir zu einem solchen Menschen: „Die Zehn Gebote verlangen dies und das von dir“ oder „Was du hier tust, gefällt Gott nicht“, dann erhalten wir sehr wahrscheinlich darauf eine negative Antwort oder gar eine feindselige Reaktion. Bevor wir redeten, war sich unser Gegenüber keiner Sünde bewusst. Sie war für ihn *tot*. Indem wir ihm aber mitteilten, was das Gesetz sagt, erweckten wir das Bewusstsein für die Sünde, welches ihm dann unangenehme Gefühle verursachte.

Das Gesetz verurteilt die Sünde

Ehe man Christ wird, hält man sich selbst für lebendig (Röm 7,9a) (86). Man fühlt sich wohl, ist voller Selbstvertrauen und gratuliert sich selbst für seine (vielleicht sogar moralische oder religiöse) Lebensweise.

Eines Tages hört man dann die Botschaft vom Gesetz und fühlt sich von Gott verurteilt. Alle Selbstsicherheit und alles Selbstvertrauen schwinden dahin. Nachdem das Gesetz das Sündenbewusstsein geweckt hat (Röm 7,9b) (86), bringt es ein Gefühl von Schuld und Unreinheit hervor. Man fühlt sich hilflos, ohne Leben, erbärmlich und eigentlich tot (Röm 7,9c) (86).

Trage hier Römer 7,10 (87) **aus der Guten Nachricht-Übersetzung ein:**

____

____

____

Das Gesetz zeigt die Sündhaftigkeit der Sünde

Wie ist das Gesetz laut Römer 7,12 (88)**?**

____

Etwas Weißes zeigt uns, wie schmutzig alles andere darum herum ist. In gleicher Weise zwingt uns die reine Wahrheit zu erkennen, wie völlig schlecht die Sünde wirklich ist.

Schreibe Römer 7,13 (89) **nieder:**

____

____

____

____

Das Gesetz führt uns zu Christus

Wie die Ungläubigen heute, dachten die Juden zur Zeit Jesu, Gott habe ihnen das Gesetz gegeben, damit sie sich dadurch selbst erretten könnten.

Aber sie schafften es nicht – warum?

(Röm 9,32) (90) ______________________________

Sie setzten ihre ganze Hoffnung auf Mose, der das Gesetz repräsentierte.

Was hat Mose nach der Aussage Jesu getan?

(Joh 5,46) (91)______________________________

Das Gesetz war niemals als Weg zur Errettung gedacht. Errettung ist ganz und gar Gottes Sache. Als Gott damals seinen Bund mit Abraham schloss, gründete sich dieser –

worauf?

(Gal 3,18) (92) ______________________________

Weshalb kam dann das Gesetz hinzu? Es wurde in späterer Zeit hinzugefügt, um den Menschen deutlich zu machen, wie sehr sie einen Bund der Gnade benötigten. In der griechischen Kultur gab es Sklaven, welche die Kinder am Morgen sammelten und zur Schule brachten.

Was soll das Gesetz in vergleichbarer Weise mit uns tun?

(Gal 3,24) (93) ______________________________________

____

____

____

Der Ungläubige, der ein religiöses und moralisches Leben führen will, findet sich unausweichlich in einer misslichen Lage. Einerseits ist er in Gesetzen gefangen, die er erfüllen muss, um in Gottes *Büchern* gut dazustehen, andererseits aber muss er ständig mit Verdammnisgefühlen leben, weil er es nicht schafft, das Gesetz tatsächlich zu halten. Hätte er jemals die Wahrheit gehört, dann wüsste er, dass er durch und durch sündig und bankrott ist. Er wüsste auch, dass *ein bisschen Religion* nicht die richtige Antwort darstellt. Das Gesetz weist ihn nur auf einen einzigen Retter hin: auf Jesus Christus.

Gefangen in Sünde?

Die Auslegung von Römer 7,14-25 (94) hat viele Christen verwirrt. Der Abschnitt erzählt die Geschichte eines Menschen, der sich in einem Kampf befindet, wobei die Frage nach seiner Identität unterschiedlich beantwortet wird. Beschreibt der Apostel Paulus hier eine Erfahrung, die vor der Bekehrung liegt, oder ein normales christliches Leben, oder beides?

Lies Römer 7, 14-25 (94).

Ein Mensch in Aufruhr

Der beschriebene Konflikt entsteht nicht aus einem egoistischen, rebellierenden Herzen. Dieser Mensch kämpft nicht gegen Gottes Gebot, sondern er will es respektieren und hochhalten.

Welche Haltung dem Gesetz gegenüber ist erkennbar? Ergänze:

Das Gesetz ist ______________________________ (Vers 14)

Das Gesetz ist ______________________________ (Vers 16)

Ich will ______________________________ (Vers 18)

Ich habe ______________________________

______________________________ (Vers 22)

Wir finden hier keinen Hinweis auf Feindseligkeit; dieser Mensch akzeptiert das Gesetz völlig. Er betrachtet es als etwas Nützliches, dem er zustimmen kann. Sein Denken, Wollen und Fühlen haben es ganz und gar in sich aufgenommen.

Der Konflikt beginnt erst bei dem Versuch, dem Gesetz entsprechend zu leben. Plötzlich erkennt er in sich eine Auflehnung gegen dieses Verlangen, Gottes Gebot zu halten.

Ergänze:

Aber ich bin ______________________________ (Vers 14 c)

Ich bin ______________________________ (Vers 14b)

Was ich tun will ______________________________ (Vers 15a)

Was ich ______________________________ (Vers 15b)

Ich weiß ______________________________

____

______________________________ (Vers 18)

Die Folge ist ein schrecklicher innerer Konflikt. Einerseits möchte dieser Mensch unbedingt das Gute tun, andererseits versagt er dabei aber immer wieder kläglich.

Ergänze:

Der Kampf findet statt zwischen ______________________________

und ______________________ und macht ihn zu ______________

______________________________ Gesetz der Sünde (Vers 23).

Die Streitfrage

„Paulus beschreibt hier einen Ungläubigen“, sagen manche Christen. „Der Kampf, der hier beschrieben wird, zeigt seinen Versuch, durch gute Werke zum Heil zu gelangen.“ „Nein, nein“, sagen andere Gläubige, „dieser Abschnitt entspricht viel zu sehr der christlichen Erfahrung, als dass er sich auf die Zeit vor der Bekehrung beziehen kann. Je reifer du in deinem Leben mit Gott wirst, umso bewusster wird dir dieser Konflikt sein.“ Und die dritte Meinung hat ihre Füße in beiden Lagern, indem sie sagt: „Dies ist ein Paradoxon. Wir mühen uns eben als Gläubige und als Ungläubige.“

Bevor wir weitergehen – was denkst du? Kreuze deine Antwort an. Römer 7, 14-25 (94) **bezieht sich auf ...**

a) die Erfahrung vor der Bekehrung

b) die Erfahrung nach der Bekehrung

c) beide Bereiche

d) etwas anderes

Die Untersuchung

Es ist etwas Leichtes, einen Bibelabschnitt herauszugreifen und ihn anhand der eigenen Erfahrung zu überprüfen. Schwieriger ist es, genau hinzusehen auf das, was tatsächlich darin ausgesagt wird. Eine genaue Betrachtung der Worte, die Paulus hier gewählt hat, wird uns Aufschluss darüber geben, was er wirklich meinte.

Der Mensch, um den es hier geht, wird als Gefangener beschrieben. Er befindet sich in völliger Gebundenheit und ist nicht in der Lage zu tun, was er tun möchte. Dagegen aber tut er das, was er eigentlich hasst. Dabei fühlt er sich zu elend und kraftlos, als dass er den Fängen seines Herrn, der Sünde, entrinnen könnte.

Deshalb sein verzweifelter Schrei:

____

______________________________________ (Vers 24)

Es ist eindeutig: Hier haben wir nicht jemanden vor uns, der uns erzählt, er mache gelegentlich einige Fehler. Er hat auch nicht einfach einen schlechten Tag erwischt. Die sprachliche Ausdrucksweise dieses Abschnitts deutet darauf hin, dass dieser Mensch völlig versklavt und deshalb äußerst verzweifelt ist. Deshalb müssen wir uns fragen: Welcher Mensch kann eine so hoffnungslose Aussage über sich selbst machen?

Ungläubige?

Spiegelt dieser Kampf die normale Erfahrung eines Nichtchristen wider? Würde er tatsächlich das, was hier in Römer 7 gesagt wird, von sich selbst behaupten? Dies ist sehr unwahrscheinlich. Nehmen wir beispielsweise Röm 7,14 (94). Hier heißt es: „Denn wir wissen, dass das Gesetz geistlich ist, ich aber bin fleischlich". Ehrlich gesagt, kein Ungläubiger wird dir jemals sagen, das Gesetz sei geistlich. Er würde dir höchstens erklären, Gesetze seien dazu da, dich von bestimmten Dingen abzuhalten. Ähnlich wie die Pharisäer wird er der Überzeugung sein, beim Gesetz ginge es nur um falsche Handlungen, nicht auch um falsche Haltungen.

Darüber hinaus wird er sich wohl kaum als *ungeistlich* oder als Sklave an die Sünde *verkauft* verstehen. Im Gegenteil: Wahrscheinlich wird er uns sagen, es gehe ihm gut und er fühle sich glücklich, sicher, gesund und zuversichtlich. Besten Dank auch für die Nachfrage. Im übrigen wird er weiterhin gute Werke vollbringen und hoffen, sich dadurch irgendwie selbst zu rechtfertigen.

Lesen wir weiter in Römer 7, dann stellen wir fest, dass sich wohl kein Ungläubiger so ausdrücken würde, wie dies der hier beschriebene Mensch tut. Dem Ungläubigen ist der ständige innere Kampf gegen die Sünde unbekannt. Er bezeichnet sich nicht als *erbärmlichen Menschen*. Auch wird er nicht behaupten, es sei nichts Gutes in ihm. Sünde und ihre Auswirkungen bringen ihn vielleicht ins Fragen und vielleicht verabscheut er sie sogar, aber niemals würde er sie hassen. Und das Gesetz? Er wird sich dessen wohl weder erfreuen, noch das Verlangen haben, es zu respektieren oder aufrecht zu erhalten. Da er sich selbst Gesetz ist, ist das, was er tut, auch immer richtig, zumindest beinahe.

Schreibe Römer 8,7 (95) **auf:**

____

____

____

Gläubige?

Wenn nun dieser Kampf nicht auf Ungläubige zutrifft, beschreibt er dann das gewöhnliche Leben eines Christen? Es wäre leicht, dies anzunehmen, doch so einfach ist die ganze Sache nun auch wieder nicht. Die Person, die hier feststellt, dass sie in Sünde gefangen ist, ist die gleiche, die auch Folgendes schreibt:

Ordne die folgenden Aussagen so, dass sie einen Sinn ergeben und überprüfe deine Antworten anhand von Römer 6,2.7.12.18 (96)**:**

„Wie sollten wir noch leben, wenn wir in der Sünde gestorben sind?“

„Wer von der Sünde freigesprochen ist, ist gestorben."

„So herrschen nun nicht die Begierden in eurer sterblichen Sünde, dass sie nicht dem Leib gehorchen."

Wie kann es sein, dass dieser in Sünde gefangene und geängstigte Mensch genau derselbe ist, der die erstaunliche Freiheit von der Knechtschaft der Sünde verkündet?

Wie kann Paulus in einem Moment so elend und unfähig sein, irgendetwas Gutes zu tun und im nächsten Augenblick Freiheit von Verdammnisgefühlen und Sieg für jeden Gläubigen verkündigen? Wie kann er einer Gemeinde *Gnade und Frieden* wünschen, wenn er selbst innerlich in solchem Aufruhr steht? Wie kann er die Philipper ermutigen, sich *zu freuen*, wenn er sich selbst so elend fühlt? Wie kann er in 1. Korinther 6,12 (97) bekräftigen: „Ich will mich von nichts beherrschen lassen", wenn er hier offen bekennt, von der Sünde bestimmt zu werden? Dies ergibt keinen Sinn.

Noch weniger ist dies der Fall, wenn wir seine Aussage „Seid meine Nachahmer, wie auch ich Christi Nachahmer bin“ (1 Kor 11,1) betrachten. Welchem Beispiel sollen wir folgen, der hilflosen Gefangenschaft oder der herrlichen Befreiung?

Es ist schon sonderbar, dass sich der innere Konflikt des Paulus nirgendwo sonst im Neuen Testament wiederfindet. Der Apostel Johannes, der eine sehr enge Beziehung zu Jesus hatte, sagt nichts über ein vergebliches Ringen um Heiligkeit. Seine Aussagen spiegeln einmütig nicht Gefangenschaft in der Sünde, sondern Befreiung davon wider.

Korrigiere die folgenden Aussagen:

„Jeder, der in ihm bleibt, sündigt wieder.“

(1 Joh 3,6) (98) ____________________________________

„Jeder, der aus Gott geboren ist, sündigt, denn der Same Satans bleibt in ihm und er wird immer sündigen, weil er ein Sünder ist.“

(1 Joh 3,9) (99) ____________________________________

____

____

____

„Denn alles, was aus Gott geboren ist, kämpft gegen die Welt. Und dies ist der Kampf, der gegen die Welt geführt wird: unsere Werke.“

(1 Joh 5,4) (100) ____________________________________

____

____

So, wie Johannes dies ausdrückt, konzentriert sich die normale christliche Erfahrung nicht auf ein immer stärker zunehmendes Sündenbewusstsein. Im Gegenteil: Da wir Gottes Natur in uns haben, sagt Johannes, ist die Sünde unserem Lebensstil fremd geworden. Sie ist nicht die Norm, sondern etwas Gelegentliches. *Falls* wir einmal etwas falsch machen, müssen wir daraufhin nicht wieder einen Befreiungskampf führen, sondern wir gehen sofort zu Jesus, der unser Schuldbekenntnis hören und uns vollständig vergeben wird (1 Joh 1,9; 2,1) (101).

Schreibe auf, was Jesus gesagt hat:

(Joh 8, 34) (102) ____

____

(Joh 8,36) (103) ____

____

Wenn wir Christ werden, sind wir nicht mehr wie Sklaven unter der Sünde, sondern wie Herren über ihr. Es gibt keinen Hinweis darauf, dass geistliche Reife von zunehmendem innerem Aufruhr begleitet sein wird. Wäre dies der Fall, hätte das Evangelium den Effekt, unser Elend zu vergrößern, und diese Folgerung wird angesichts einer weiteren Aussage des Paulus unmöglich.

Schreibe diese nieder:

(2 Kor 3,18) (104) ____

____

____

____

Wenn wirklich zunehmende Unzulänglichkeit auf der christlichen Tagesordnung stünde, dann müssten wir annehmen, die Verheißung Jesu vom *Leben im Überfluss* (Joh 10,10) (105) bedeutete in Wirklichkeit: „Du wirst dein Leben führen voller Kämpfe gegen deine Sünde und deine Unzulänglichkeit". Wenn dies stimmte, welch attraktive Botschaft wäre dies für Ungläubige, welche Ermutigung für Christen?

Die Antwort

Was sollen wir nun mit der ganzen Angelegenheit anfangen? Sollen wir annehmen, Paulus habe etwas zuviel Wein getrunken, bevor er diesen Teil des Briefes schrieb? Nein, natürlich nicht. Es gibt eine Antwort, wenngleich sie nicht von vornherein offensichtlich ist.

Paulus hat schon erwähnt, dass das Gesetz die Sünde vermehrt und uns tötet (Röm 7,5.13) (106). Dies sind radikale Aussagen über eine Sache, von der man dachte, sie bringe Errettung. Da sind Widersprüche vorprogrammiert. Der Apostel sieht diese vorher und entschließt sich deshalb, an diesem Punkt ein Szenario zu entwerfen, welches seine Aussage verdeutlicht. So nimmt er einen Menschen – irgendeinen – und zeigt an ihm, dass das Gesetz absolut nicht in der Lage ist, uns zu erretten, zu rechtfertigen oder zu heiligen.

Die Person in diesem Beispiel ist von der Sünde deutlich überführt. Der Geist hat ihr die Heiligkeit des Gesetzes gezeigt und so wurde sie sich plötzlich ihrer eigenen Schwachheit und Unzulänglichkeit bewusst. Anstatt nun die Gnade Gottes anzunehmen (es ist bemerkenswert, dass Jesus und der Heilige Geist hier nicht erwähnt sind), denkt sie, sie müsse sich selbst anstrengen, um aus eigener Kraft das Gesetz zu halten. Der sich daraus entwickelnde Kampf führt sie dann aber in Frustration, Verdammnis, Verzweiflung, Gebundenheit und schließlich in die Niederlage.

Und das, sagt Paulus, *wird dir das Gesetz antun, wenn du versuchst, es zu halten.* Versuche also nicht, aus Römer 7 abzuleiten, dass Paulus nur Niederlagen erfahren hat und es dir deshalb ebenso ergehen müsse. Dieser Abschnitt ist kein Schlupfloch für die Rechtfertigung von Versagen, sondern ist eingefügt, um uns an den absoluten Bankrott des Gesetzes zu erinnern. Wenn du versuchst, deine Erlösung durch das Einhalten von Geboten zu erlangen, wirst du in völligem Durcheinander enden. Deshalb: Bleibe bei deinem neuen Ehemann!

Der Sünde gestorben

Denken wir kurz nach. Wenn Gott uns immer in Christi vollkommener Gerechtigkeit sieht, dann können wir sündigen und immer noch gerecht sein. Wir können uns also vordrängeln, wenn wir irgendwo anstehen müssen, können die alte Frau am Zebrastreifen ignorieren, können nach der Katze treten, mogeln, lügen, schwören und uns völlig ekelhaft verhalten – und sind immer noch gerechtfertigt. Dann gibt uns also die Gnade Gottes die volle Erlaubnis zu sündigen. Ja, wir werden sogar, je mehr wir sündigen, die Größe der Gnade Gottes umso mehr unter Beweis stellen. Welch erstaunlicher Gedanke!

Welch ein aberwitziger Gedanke!, sagt Paulus zu dieser Überlegung (Röm 6,2) (107). Den Bogen von der *Rechtfertigung durch das Gesetz* zur *Rechtfertigung durch die Sünde* zu ziehen, ist eine absolut verrückte Vorstellung. Haben wir erst einmal das erstaunliche Ausmaß der Gnade Gottes verstanden, dann werden wir nicht versuchen, Vorteile daraus zu ziehen, sondern wir werden aus ihrer Stärke heraus leben. Gott möchte, dass wir ein heiliges Leben führen, aber diese Heiligkeit wurzelt nicht in unserer eigenen Anstrengung, sondern in dem, was Gott für uns *in Christus* getan hat.

Vom Sklaventreiber verfolgt

Viele Christen wollen Gewinner sein, kämpfen in der Praxis allerdings leider meist auf verlorenem Posten. Als sie Christen wurden, dachten sie, sie hätten ihre sündigen Verhaltensweisen hinter sich gelassen. Nun aber entdecken sie, dass dies nicht immer der Fall war. Tag für Tag werden sie von ihren Sünden verfolgt, manchmal eingeholt und bedrängt und können sie einfach nicht abschütteln.

Wer auf eine solche Art und Weise überwältigt wird, erlebt eine Art *halbe Erlösung, christliches Leben, abhängig von der Gnade, trotz schrecklichem Verlangen, Neid und anderen schlechten Dingen.* „Ich bin einfach ein begnadigter Sünder“, sagt sich derjenige. Wird er dann bezüglich seiner Sünde herausgefordert, lässt er zwar schamrot seinen Kopf hängen, weiß aber nicht, wie er sich wirklich befreien könnte. „Ich weiß, Gott sieht mich durch das Blut Christi gerechtfertigt, aber wie kann ich der Macht der Sünde jemals entrinnen?“, fragt er sich. Die Israeliten lebten einst als Sklaven in Ägypten. In der Nacht, in der sie befreit werden sollten, strichen sie Blut an ihre Türpfosten und wurden so vor dem Tod bewahrt. Das Blut des Passahlammes hatte sie nun zwar vor dem Gericht bewahrt, doch waren sie anschließend immer noch nicht von ihren ägyptischen Sklaventreibern befreit. Das Rote Meer stand ihrer vollständigen Freiheit im Wege.

Welch schreckliche Aussichten! Was nützt es zu wissen, dass Gott an meinen Sünden vorübergegangen ist, wenn ich immer noch in Sklaverei bin?

Gott öffnete das Meer auf wunderbare Weise. Sie konnten wie durch ein Tal hindurchgehen und auf der anderen Seite als freie Menschen an Land. Hinter ihnen fielen die Wassermassen wieder in sich zusammen und vernichteten die Armee des Pharao.

Wie viele Ägypter überlebten?

(2 Mo 14,28) (108) ______________________________

Der vorhin erwähnte *begnadigte Sünder* wurde durch das Blut Christi gerettet, befindet sich aber jetzt in derselben Situation, wie die Israeliten vor ihrer Durchquerung des Roten Meeres. Sein Sklaventreiber, die Sünde, ist ihm ständig auf den Fersen. Er muss nun erkennen, dass es nur dann völlige Freiheit für ihn gibt, wenn er *hinunter* in den Tod geht, welcher durch das Rote Meer symbolisiert wird. Was aber bedeutet dies praktisch für ihn? Was muss ein Christ in diesem Fall tun?

Durch das Rote Meer

Wir *entfliehen* der von uns Besitz ergreifenden Sünde nur, wenn wir eine grundlegende Wahrheit erkennen:

Genauso, wie wir dem Gesetz gestorben sind, sind wir ...

(Röm 6,2) (107) ______________________________

Gott hat uns nicht nur gerecht gesprochen, er hat uns auch aus der Macht der Sünde befreit.

Schreibe Römer 6,3 (109) **nieder:**

____

____

____

Die Menschen sind entweder in Adam oder in Christus. Es gibt keine Zwischenstellung. Es entspricht nicht den Tatsachen, dass einige *außergewöhnliche* Christen die Erfahrung machten, *der Sünde gestorben* zu sein, wohingegen alle anderen Gläubigen diese Erfahrung erst noch suchen müssten, um wirklich frei zu sein. Die Schrift macht deutlich, dass jeder, der in Christus ist, mit ihm gekreuzigt wurde (Röm 6,6; Gal 2,20) (110). Wenn wir also mit ihm im Tod vereinigt wurden (Röm 6,5) (111), sind wir auch mit ihm von der Sünde frei gemacht (Röm 6,7) (112). Ein Leichnam wird niemals den Anstoß der Sünde verspüren. Er spürt weder Eifersucht, noch Zorn, noch Neid. Du kannst ihn beleidigen, aber er ist *der Sünde gestorben*.

Verstehen wir, dass Gott sagt, wir seien mit Christus gekreuzigt? Wir protestieren vielleicht und sagen: „Wenn Gott mein negatives Temperament und meine schmutzigen Fantasien kennen würde, er würde nicht sagen, mein altes Wesen sei mit ihm gekreuzigt worden. Das scheint immer noch sehr lebendig zu sein". Aber genau an diesem Punkt kommt der Glaube ins Spiel.

Glaubst du, dass mit Christus *zwei* Menschen gekreuzigt wurden?

○ JA

○ NEIN

Warum glaubst du das?

____

Das gleiche Buch spricht davon, dass auch du mit Christus gekreuzigt wurdest.

Willst du dies glauben, einfach weil die Bibel sagt, dass es wahr ist?

○ JA

○ NEIN

Wir können uns genauso wenig daran erinnern, mit Christus gekreuzigt worden zu sein, wie wir in Adam gesündigt haben sollen. Wir glauben einfach der Bibel, wenn sie uns sagt, dass das, was ihnen geschah, nun uns zugerechnet wird. Sobald wir begreifen, dass wir in Jesu Tod der Sünde gegenüber mit eingeschlossen sind, dann werden wir in der Tat auch die Freiheit von der Sünde erfahren.

Auf der anderen Seite

Im Leben als Christ geht es niemals darum, ständig *unsere sündige Natur zu unterdrücken*. Lies Röm 6,6.7 (110) (112).

Was geschah mit dem *alten Menschen*?

____

____

____

____

Was geschah mit unserem *Leib der Sünde*?

____

Was sollten wir in Zukunft nicht mehr sein?

____

Warum hat die Sünde keinen Zugriff mehr auf unser Leben?

____

Die meisten Bibelübersetzungen unterscheiden sorgfältig zwischen den Begriffen *Fleisch*, der *sündigen Natur* und dem *alten Menschen*. Einige wenige Ausgaben dagegen übersetzen den Ausdruck *Fleisch* mit *sündiger Natur*, was nicht sehr hilfreich ist, denn als Christ wirst du unvermeidlich gegen fleischliche Begierden anzugehen haben, aber du wirst niemals mehr darum ringen müssen, deine sündige Natur zu bezwingen. Was schon tot ist, muss nicht mehr unterdrückt werden. Du bist nicht nur ein *begnadigter Sünder*, sondern eine wunderbare *neue Schöpfung*. Du bist ein radikal umgewandeltes Wesen und genießt die völlige Freiheit von jeglicher Gebundenheit an Sünde.

Die Frau, die beim Ehebruch ertappt wurde, war dem Gesetz nach verurteilt, bis sie zu Jesus gebracht wurde. Jesus, der das Ende des Gesetzes bedeutet, schalt sie nicht sondern entließ sie mit einer Aufforderung:

(Joh 8,11) (113) ____

____

Auf ähnliche Art und Weise hat Gott dich vollständig von der beherrschenden Macht der Sünde befreit. Obwohl du noch immer in der Lage bist zu sündigen, musst du dies aber nicht mehr tun. Die Worte Jesu zu der Frau sind auch an dich gerichtet.

Um in jedem Bereich unseres christlichen Lebens zu überwinden, beginnen wir damit, dem Wort Gottes tatsächlich Glauben zu schenken. Danach handeln wir unserem Glauben entsprechend. Genauso ging auch Abraham vor, als Gott ihm sagte, er würde der *Vater vieler Nationen* werden (1 Mo 17,5) (114). Wäre Abraham mit dem Verstand an diese Aussage herangegangen, hätte er sie als absurd abgetan; schließlich war er hundert Jahre alt und seine Frau unfruchtbar. Selbst ein einziger Sohn schien eine völlige Unmöglichkeit zu sein, geschweige denn eine ganze Nation.

Fülle die Lücken aus:

(Röm 4,20.21) (115) Denn er ________________________ durch

____________________ an der Verheißung Gottes, sondern wurde

____

____

____

Jetzt halte dich für ...

Gott sagt, wir sind der Sünde gestorben. Als ersten Schritt glauben wir also, dass wahr ist, was er sagt. Der nächste Schritt besteht darin, uns der Sünde *für tot zu halten* (Röm 6,11) (116), und zwar täglich.

Der Ausdruck der in den deutschen Übersetzungen mit „dafürhalten" wiedergegeben wird, hat im Grundtext eine weiter Bedeutungsebene, die dem Rechnungswesen zugeordnet wird und bedeutet dann: etwas in die Spalte einsetzen, wo es hingehört.

Ein gutes Beispiel dafür, was es bedeutet, sich *der Sünde für tot zu halten*, kam mir in den Sinn, als ich einmal nach Spanien flog. Bei der Ankunft zeigte meine Uhr 15.00 Uhr an, doch die Leute sagten mir, es sei 16.00 Uhr. Musste ich mir nun die ganze Zeit, die ich dort verbrachte, einreden: „Sie liegen falsch, aber solange ich hier bin, muss ich mich wohl dazu zwingen zu glauben, es sei 16.00 Uhr"? Natürlich nicht! In Spanien war es in der Tat 16.00 Uhr. Daher stellte ich meine Uhr um und richtete mein Denken auf die reale Situation aus.

Wenn wir uns als der Sünde gestorben betrachten, dann bieten wir nicht unsere ganze Willenskraft auf, um es wahr zu machen. Wir glauben es, weil es wahr ist. Wir sind aus Adam hinaus- und in Christus hineingetreten. Die Sünde hat keine Macht mehr, uns zu beherrschen.

Soweit du dieser Wahrheit glaubst und ständig mit ihrer befreienden Macht rechnest, wirst du die Freiheit erfahren, die Jesus verheißen hat: „Dies ist der Sieg, der die Welt überwunden hat: unser Glaube" (1 Joh 5,4) (117).

Lebendig für Gott

Wie wir gesehen haben, werden wir aufgerufen, uns der Sünde gegenüber für gestorben zu halten. Gleichzeitig kommt aber auch der Hinweis, uns als *lebendig für Gott* zu betrachten (Röm 6,11) (116). Das hat damit zu tun, wie wir unseren Körper gebrauchen. Werden wir heillosen Vergnügungen nachjagen oder Gott erlauben, seine Heiligkeit in uns zur Geltung zu bringen?

Jesus war von seinem Vater ein Leib gegeben worden, in dem er bereitwillig lebte (Hebr 10,5) (118). Seine Hingabe an Gott drückte sich durch seinen physischen Leib aus: durch Dienst an bedürftigen Menschen, durch Verzicht auf leibliche Annehmlichkeiten, schließlich durch das Ertragen von Folter und Kreuzigung.

Setze die fehlenden Wörter ein:

(1 Petr 2,24a) (119) ... der unsere Sünden ____________________

____________________ selbst an das Holz hinaufgetragen hat.

„Ich ermahne euch nun, Brüder", sagt Paulus, „durch die Erbarmungen Gottes, eure Leiber darzustellen als ein lebendiges, heiliges, Gott wohlgefälliges Opfer" (Röm 12,1). Er befiehlt uns nicht, unseren Leib aufzugeben. Seine Ermahnung zielt darauf, uns an die erstaunliche Gnade Gottes zu erinnern und daraufhin zu fragen: „Wie können wir im Licht dessen etwas anderes tun, als unseren Leib ihm völlig darzubringen? Wir haben Segen um Segen empfangen: Freiheit von Sünde, Befreiung vom Gesetz und von der Verurteilung, die Gabe der Gerechtigkeit, völlige Sicherheit in Christus, Liebe, Friede, Freude... So ist die Tatsache, dass wir unseren Leib Gott zurückgeben und ihm zur Verfügung stellen, nur unsere natürliche Antwort auf all das, was er in Christus für uns getan hat."

Berichtige die folgende Aussage:

„Denn Gott fühlte sich der Welt so verpflichtet, dass er zögerlich daran dachte, es sei wohl besser, seinen Sohn zu geben, damit alle diejenigen, die seinem Gesetz nachfolgten, nicht verloren gingen, sondern ewiges Leben haben sollten.“

(Joh 3,16) (120) ______________________________

____

____

____

Gott hat kein Verlangen danach, dass wir unseren Leib aus nüchterner Verpflichtung heraus ihm hingeben („die Bibel sagt, tu dies und das, also tue ich es besser auch“). Stattdessen möchte er, dass wir die Grundhaltung seines Sohnes übernehmen, der sich bereitwillig und von ganzem Herzen für uns hingab und nicht etwa, weil er gezwungen wurde. Er liebte uns und wollte dies tun.

Füge die fehlenden Wörter hinzu:

(1 Kor 6,19b.20) (121) ... den ____________________ habt,

und dass ______________________________

Denn ______________________________

worden. ____________________ mit __________ Leib.

Ein heiliges Leben kommt nicht automatisch zustande; unser Wille ist mit von der Partie. Wir stehen vor der Wahl, unseren Körper als unser oder als Gottes Eigentum zu gebrauchen. Unser Lebensstil wird dann unsere Entscheidung widerspiegeln.

Sieg über Sünde

Vervollständige diese Aussage:

(Röm 6,12) (122) So __________________ nicht ____________

____ dass er

____ gehorche.

Die Sünde möchte in unseren *sterblichen* Leibern herrschen. Warum „sterbliche"?

Weil unser Körper der einzige Teil von uns ist, der seine Erlösung noch nicht erfahren hat. Eines künftigen Tages wird er erlöst und verwandelt sein (Röm 8,23; Phil 3,21) (123), aber bis dahin müssen wir mit ihm leben.

Bevor wir Christ wurden, brachte der Teufel die Glieder unseres Körpers auf seine Seite und führte uns dann dazu, mit ihnen zu sündigen.

Schreibe einige Sünden auf, die mit folgenden Körperteilen begangen werden:

Augen: ____

Ohren: ____

Mund: ____

Hände: ____

Zu jener Zeit hatte unsere alte Natur nichts dagegen, mit unserem Leib zu sündigen. Dann aber starb die alte, sündhafte Natur und stattdessen wurde uns eine neue, gerechte Natur gegeben. Diese neue Natur verleiht uns vollständige Macht über unsere Leidenschaften. Wo wir einst unserem sündhaften Verlangen ausgeliefert waren, haben wir nun die Fähigkeit, unserem Körper eine Sünde zu gestatten oder zu verweigern. Wir haben die Kraft, das zu tun, was Ungläubige nicht können. Wir können aufhören, mit unserem Leib zu sündigen und stattdessen mit unserer neuen Natur siegreich leben.

Fülle die Lücken aus:

(2 Petr 1,4) (124) ... durch die er uns ____________________ und

____

damit ______________________________________ der ___________

______________________________ die ihr _____________________

____ in der Welt ist

____

In dem Wissen, dass wir Macht über unsere Sünden haben, kann Paulus uns zu Recht ermahnen:

(Röm 6,13) (125) ____

____

____

____

____

____

Lies Epheser 4,25 – 5,4 und Kolosser 3,8.9 (126) **und schreibe auf, welche Sünden wir *nicht* begehen sollen:**

____

____

____

____

____

____

Von der Niederlage zum Sieg

Sünde muss eingeladen werden, bevor sie in unserem Leib herrschen kann. Bevor sie eingeladen wird, erscheint sie an unserer Tür in Form von Versuchung. „Klopf, klopf", hier ist sie. „Ich habe hier etwas, dem du nicht widerstehen kannst!" Wir schauen aus dem Fenster, sehen die Sünde, die wir wollen, überlegen kurz, wie begehrenswert sie ist, öffnen die Tür, nehmen die Ware in Empfang, erfreuen uns daran und später bereuen wir unser Verhalten wieder. Nach ungefähr dem dritten Mal beginnt unser Gewissen abgestumpft zu werden. Doch wir pflegen die Sünde weiter, bis sie schließlich als Dauergast bei uns einzieht. Dann dauert es nicht mehr lange, bis unser neuer Mitbewohner der Herr im Hause ist und das Sagen hat.

Befindest du dich in dieser traurigen Situation?

○ JA

○ NEIN

Wenn ja, dann bekenne diese Sünde, die dich in Besitz genommen hat, jetzt vor Gott und schreibe sie, wenn du willst, hier nieder:

____

____

____

Was bringt die folgende Bibelstelle zum Ausdruck?

(Luk 17,1) (127) ______________________________

____

____

____

Indem Jesus dies sagt, macht er deutlich, dass wir der Versuchung niemals aus dem Weg gehen können. Jesus selbst war versucht, in jedem Lebensbereich (Heb 4,15) (128). Versucht zu werden ist noch keine Sünde. Wir müssen der Versuchung jedoch nicht nachgeben. Es ist falsch zu denken, wir seien der Sünde gegenüber machtlos. Wenn wir irgendeiner Sünde den Eintritt gestattet haben, dann sündigen wir aus einer freiwilligen Entscheidung heraus, weil wir es eben *mögen*, und nicht, weil wir uns nicht selbst kontrollieren könnten.

Korrigiere die folgende Aussage:

„Viele Versuchungen, die den Menschen ungewohnt sind, werden euch heimsuchen. Gott wird euch helfen, obwohl er euch vielleicht manchmal in Versuchungen geraten lässt, die ihr nicht werdet ertragen können. Wenn ihr aber dann in der Versuchung steht, wird er euch vielleicht ein klein wenig helfen, sodass ihr es dann schon schaffen werdet."

(1 Kor 10,13) (129) ______________________________

____

____

____

____

____

____

Heiligung geschieht nicht dadurch, dass wir einfach Gott unser Leben *übergeben*. Sie geschieht dort, wo wir aktiv mit ihm zusammenarbeiten, wenn er Dinge ans Licht bringt, die der Änderung bedürfen. Ein Teil des Geheimnisses, wie man der Versuchung widerstehen kann, liegt darin, sich schon von Anfang an nicht in Situationen zu begeben, in denen man versucht werden könnte. Deshalb sagen wir unseren Beinen: „Nein, ihr geht hier nicht hinein!", unseren Augen: „Nein, schaut jetzt nicht dorthin!", unseren Händen und Ohren: „Nein, das ist nichts zum Berühren oder Zuhören! Ich werde nicht zulassen, dass ihr euch da auf irgendetwas einlasst!"

Und wenn wir uns schon von einer Sünde gefangen fühlen? Dann müssen wir uns nicht damit zufrieden geben und sagen: „Oh, ich hab's schon wieder getan. Ich kann mir einfach nicht helfen und wahrscheinlich werde ich es zukünftig wieder tun." **Nein! Jetzt ist der Zeitpunkt gekommen, Gottes Wort dagegen zu bekennen und**

der Sünde eindeutig zu erklären: „Ich bin dir gegenüber gestorben und ich muss dir nicht erlauben, mein Leben weiterhin zu beherrschen. Geh woanders hin!"

Paulus sagt uns Folgendes:

(1 Kor 9,27) (130)____

____

____

Es kann oftmals schon durchaus ein Kampf sein, der Sünde zu widerstehen, doch sind ausreichend Mittel da, um jedes Mal zu siegen.

Sklaven eines neuen Herrn

Gemäß der biblischen Aussage sind alle Ungläubigen Sklaven der Sünde. Sie können ganz offensichtlich sündigen (Mörder, Diebe, Rauschgiftsüchtige, Vergewaltiger...), oder auch respektable, anständige Leute sein, die vielleicht in die Kirche gehen, aber niemals von neuem geboren wurden. Weil diese Menschen Sklaven sind, können sie nicht einfach frei umhergehen, sie brauchen Befreiung.

Nur Jesus befreit Gefangene von ihren Sünden. Er kommt zum Sklavenmarkt, schaut sich um und sieht dich dort, völlig zerlumpt, angekettet und zum Tode verurteilt. Dann zeigt er auf dich und sagt zu dem Sklavenhändler: "Ich nehme diesen da" und zahlt den Preis für dein Leben.

Unsere Befreiung kommt dann, wenn wir Gottes Wort hören, es mit unserem Verstand begreifen, in unserem Herzen bewegt sind und mit unserem Willen darauf antworten.

Schreibe Römer 6,17 (131) **auf:**

____

____

____

____

Wir sind nicht einfach gerettet und in eine Art Niemandsland hinein entlassen worden, in dem wir uns durch Heiligung aus der Sünde heraus und in die Gerechtigkeit hinein voranarbeiten. Nein, sobald wir Christ werden, gehen wir von einem Sklavenhalter zu einem anderen über.

Korrigiere die folgende Aussage:

„Ihr werdet von der Sünde frei gemacht und Sklaven der Gerechtigkeit werden."

(Röm 6,18) (132) ____________________________________

____

Es gab eine Zeit, da hatten wir uns der Sünde hingegeben und konnten tatsächlich nichts dagegen tun. Sie war unser Herr und es war für uns natürlich, ihr zu gehorchen. Nun sind wir jedoch Sklaven eines neuen Herrn namens Gerechtigkeit. Die Art und Weise, wie wir leben, wird zeigen, wem wir gehorchen.

Fülle die Lücken aus:

(1 Joh 1,6) (133) Wenn wir ____________________________

____________________________ und ____________________

________________________________ lügen ______________

____

(1 Joh 2,4) (134) Wer sagt: ____________________ und

____________________ nicht, ist ______________

__________ und __________________________

Paulus sagt: „Die Sünde wird nicht über euch herrschen" (Röm 6,14) (135). Wie aus dem Grundtext zu ersehen ist, handelt es sich dabei nicht um eine Ermahnung, sondern um die Feststellung einer Tatsache. Wir sind aus Gott geboren und seine Natur lebt in uns. Wir sind eine neue Schöpfung, für welche die Sünde und nicht die Gerechtigkeit ein wesensfremdes Element ist. Für den Christen ist Sünde die Ausnahme, nicht die Regel. Dies sagt Johannes in 1 Joh 2,1 (136) sehr deutlich.

Schreibe den Vers hier nieder:

____

____

____

____

Da wir nun der Gerechtigkeit gehören, müssen wir uns ihr auch zur Verfügung stellen. Schließlich erwartet man von gerechtfertigten Menschen, dass sie rechtschaffen leben. Deshalb brauchen wir auch den Lügen des Feindes keinen Glauben schenken, der sich immer wieder an uns heranmacht und ins Ohr flüstert: „Du kannst mit dieser Sünde nicht fertig werden, sie ist viel zu groß für dich!" Wir sind frei von der Sklaverei der Sünde. Die Schlacht gegen die Sünde ist schon geschlagen und der Sieg gewonnen. Der Teufel ist ein geschlagener Widersacher, der sein Äußerstes daran setzt, uns davon zu überzeugen, wir stünden auf der Seite des Verlierers.

Aber wir sind die Sieger! Einerseits können wir die Glieder unseres Leibes davon abhalten zu sündigen, andererseits können wir sie dazu gebrauchen, positive Werke der Gerechtigkeit zu tun.

Schreibe Römer 6,13 (137) **nieder:**

____

____

____

____

____

Lies Epheser 4,25 – 5,4 und Kolosser 3,12-17 (138) **und schreibe nieder, welche gerechten Dinge wir tun sollen:**

____

____

____

____

____

____

____

____

Gott stellt uns bei dem, was wir tun, auf die Probe. Handeln wir wirklich wie lebendige Opfer, die ihre Leiber Gott als Zeichen der Anbetung darbringen? Lieben wir unsere Feinde wirklich, füllen wir Formulare korrekt aus, reden wir weise, leisten wir die geforderten Arbeitsstunden, behandeln wir unsere Familien gut? Oder geben wir Gott nur alten Ramsch, wie die Juden zur Zeit Maleachis?

Lies Maleachi 1,6-14 (139). **Was brachten die Leute zum Altar Gottes?**

War Gott darüber erfreut?

○ JA

○ NEIN

Welche Art Opfer hatte er erwartet?

Warum?

Gott will nicht mehr tote Tiere, sondern lebendige Opfer, nicht nachlässiges Leben, sondern Instrumente der Herrlichkeit und des Lobes auf dieser Erde. Er hatte Gefallen an dem vollkommenen Opfer Jesu und er möchte, dass wir es ihm gleichtun. Indem wir rechtschaffen leben, versuchen wir nicht krampfhaft, Gerechtigkeit zu erlangen, sondern demonstrieren die Gerechtigkeit, die schon in uns ist. Indem wir Früchte hervorbringen, die nicht nur gut aussehen, sondern auch nach Gerechtigkeit schmecken, werden wir unter Beweis stellen, dass wir Sklaven der Gerechtigkeit und in der Tat für Gott nützlich sind.

Der neue Herr wird uns darauf hinweisen, wenn wir in die falsche Richtung gehen. Gehorchen wir ihm einmal nicht, werden wir seine kräftige, aber liebevolle Zurechtweisung erfahren.

Lies Hebräer 12,5 (140). **Was sollten wir nicht tun?**

Was tut Gott?

Je länger wir mit Gott leben, umso mehr werden wir die in uns wirksame Gerechtigkeit erkennen. Dann werden wir feststellen, wie wir zunehmend der Sünde gegenüber abschalten und auf einem rechtschaffenen und siegreichen Weg weiterkommen. Dies meinte Paulus, als er sagte: „Wandelt im Geist, und ihr werdet die Begierde des Fleisches nicht erfüllen“ (Gal 5,16) (141).

Die Gerechtigkeit, die Gott in dir entwickelt, wird dich die Erbärmlichkeit und Inkonsequenz der Sünde spüren lassen. Du bist von Sünde befreit, um der Gerechtigkeit zu dienen. Stelle dich auf die Wellenlänge deines neuen Herrn ein und sei „erfüllt mit der Frucht der Gerechtigkeit, die durch Jesus Christus gewirkt wird, zur Herrlichkeit und zum Lobpreis Gottes (Phil 1,11).

Gesetzlichkeit, Freizügigkeit, Disziplin

Matthias und Peter sind Glieder der selben Gemeinde. In ihrem täglichen Leben mit Gott haben sie jedoch völlig unterschiedliche Erwartungen.

Matthias hat gelernt, dass die Erfüllung täglicher *Pflichten* äußerst wichtig sei, wenn er als Christ wachsen wolle. Aus diesem Grund stellt er seinen Wecker auf 6.00 Uhr früh und steht auch kurz danach auf. Dabei fühlt er sich vielleicht völlig kaputt, doch widersetzt er sich dem Gedanken, dass dies ihn von seiner Stunde mit Gott abhalten solle. „Jesus erwartet von mir, dass ich seinem Beispiel nachfolge", sagt er sich selbst und zitiert dabei Markus 1,35 (142).

Schreibe den Vers hier nieder:

____

____

____

____

Dann liest Matthias seinen täglichen Bibelabschnitt, betet für die Leute auf seiner Gebetsliste und geht zur Arbeit. Er hofft, Gott damit zu beeindrucken, dass er, anstatt seinem Verlangen nach körperlicher Entspannung (im warmen Bett und mit etwas mehr Schlaf) nachzugeben, sich geistlichen Aktivitäten widmet. Die Leiter seiner Gemeinde wissen alle um seine Ernsthaftigkeit in seiner Beziehung zu Gott und Matthias ist sich sicher, dass Gott ihn für seine Hingabe segnen wird.

Peter dagegen mag geistliche Disziplin überhaupt nicht. Nur sehr selten stellt er seinen Wecker, und wenn dies einmal geschieht, so ist die Wahrscheinlichkeit sehr groß, dass er ihn beim Klingeln abstellt, sich umdreht und weiterschläft. Und wenn es abends mal sehr spät werden sollte, dann ist es keine Frage, dass er am nächsten Morgen bis zur letzten Minute im Bett bleibt. „Ich bin unter der Gnade, deshalb brauche ich diese trockenen geistlichen Rituale nicht", sagt er sich und zitiert dabei Galater 5,1 (143).

Schreibe diesen Vers ebenfalls nieder:

____

____

____

____

Peter bringt sich sehr gerne in Gemeindeaktivitäten und Evangelisation mit ein, aber er hat überhaupt nichts übrig für Dinge, die auch nur irgendwie den Geruch von Gesetzlichkeit haben. Er liest die Bibel und betet – aber nicht regelmäßig. Solche geistlichen Aktivitäten kann man überall praktizieren. Sie müssen zu den vielen übrigen Unternehmungen passen und werden häufig völlig fallen gelassen. Die Gemeindeleiter sehen Peter als freundlichen und umgänglichen Christen und er selbst erfreut sich der Tatsache, in Christus frei und nicht sturer täglicher Routine unterworfen zu sein.

Mit welchem dieser beiden Christen kannst du dich mehr identifizieren?

____

Matthias gegen Peter

Weder Matthias noch Peter liegen richtig, das ist das Problem!

Matthias ist überzeugt, diszipliniert zu sein, in Wirklichkeit jedoch ist er in Gesetzlichkeit gefangen. Er hat eine ausgezeichnete Beziehung zu seiner Bibel und seiner Gebetsliste. Forderte man ihn aber auf: „Erzähle mir von deiner Beziehung zu Jesus“, dann würde man ihn an einer ungeschützten Stelle treffen und dies aus dem einfachen Grund, weil Matthias zwar eine Andachtszeit in guter Regelmäßigkeit hat, er aber deren Qualität nicht beachtet. Für ihn liegt die Bedeutung dieser Zeit weniger darin, *die Gegenwart Jesu zu erleben*, als vielmehr *eine regelmäßige stille Zeit zu haben*. Dies sind zwei völlig unterschiedliche Dinge.

Wäre Matthias dir gegenüber ehrlich, er würde dir erzählen, dass seine Andachtszeiten in der Tat äußerst langweilig sind. Er betrachtet sie als Pflichten, die ein Christ zu erledigen habe, wobei Gefühle von zweitrangiger Bedeutung seien. „Du musst diese Dinge durchziehen“, bekräftigt er, „und glauben, dass Gott dich belohnen wird für diese verborgene Hingabe“.

Peter dagegen denkt, er sei völlig frei von Gesetzlichkeit. In Wirklichkeit jedoch steht er lediglich in der Gnade der Undiszipliniertheit. Er verdeckt seine Spuren durch sein Engagement in allerlei christlichen Aktivitäten, jedoch mangelt es ihm an Charakterstärke und sein Gottesverständnis ist eher oberflächlich. Fragte man ihn: „Was hat Jesus dir in letzter Zeit gesagt?“, so wäre ihm das sehr unbequem. Der Grund dafür liegt in der Tatsache, dass Peter nie ausreichend Zeit mit Jesus verbringt, um sein Reden auch wirklich zu hören. Nur selten hält er inne, um sich zu fragen, ob er auch tut, was Gott will. Stattdessen nimmt er an, dass es wahrscheinlich gut ist, sich in einer Sache zu engagieren, wenn sie in Ordnung erscheint.

Wäre Peter dir gegenüber ehrlich, er würde dir erzählen, dass unter der Oberfläche sein christliches Leben mehr einem ziellosen Durcheinander gleicht. Er ist wohl christlich engagiert, hat sich aber niemals selbst genügend diszipliniert, die Zielrichtung und Absicht seines Lebens herauszufinden. Er arbeitet sich wohl etwas voran, setzt aber keine bestimmten Ziele. „Du musst du selbst sein“, sagt er. „Die frühe Kirche hatte keine Bibeln; die lebten, was sie empfanden.“ Traurigerweise erkennt er dabei nicht, dass die frühe Kirche der Lehre der Apostel sehr hingegeben war und sie sehr ernst nahm. Sie bewahrten das Evangelium, das sie erhalten hatten, sehr sorgfältig.

Sei diszipliniert

Christen, die die erfüllendsten Gotteserfahrungen gemacht haben, haben es nicht zugelassen, entweder durch Gesetze beherrscht oder durch Gefühle geleitet zu werden. Sie haben Disziplin gelernt.

In seinem Brief an Timotheus betonte Paulus den Wert der Disziplin durch Aufzählung der Beispiele von Soldaten, Athleten und Landwirten (2 Tim 2,4-6) (144).

Schreibe nieder, von welcher Beschaffenheit die Disziplin jedes dieser drei Männer sein muss:

Soldat:______________________________

Athlet:______________________________

Landwirt:____________________________

Soldaten, Athleten und Landwirte können ihren Beruf niemals effektiv ausführen, wenn sie sich nicht selbst disziplinieren. Das ist klar. In gleicher Weise können Christen Gott nicht mit ihrem vollen Potenzial dienen, wenn sie sich nicht ernsthaft disziplinieren. Schaut man sich die Geschichte außergewöhnlicher Männer und Frauen Gottes an, so sieht man, dass sie alle Disziplin übten und deren Notwendigkeit betonten.

Disziplin hat überhaupt nichts damit zu tun, dass man versucht, Gott durch äußerliches christliches Leben zu beeindrucken. Nein, sie ist die natürliche Antwort unseres Herzens auf seine Liebe. Wir disziplinieren uns nicht, weil wir müssten, sondern weil wir wollen. Niemand zwingt uns, den Wecker zu stellen. Wir tun dies freiwillig, weil wir uns darauf freuen, Zeit mit Jesus zu verbringen.

Ohne Disziplin können wir die Zeiten, die wir mit Jesus oder unserer Familie zur Verfügung haben, völlig untergehen lassen. Ich stelle beispielsweise fest, dass ich bezüglich meines freien Tages – es ist der Montag, den ich reserviert halte, um ihn mit meiner Frau Wendy zu verbringen – eine sehr disziplinierte Einstellung habe. Obwohl ich die Zeiten mit Wendy liebe, wäre es doch sehr einfach und immer wieder möglich, an einem Montag Verabredungen einzugehen, wäre ich nicht diszipliniert. Deshalb achte ich darauf, dass dies nicht geschieht. Dabei sagt mir nicht das Gesetz: „Du sollst nicht ... Zeit mit deiner Frau verlieren", sondern die Gnade Gottes in mir lehrt mich, *Nein* zu sagen (Tit 2,11.12) (145) und anderen Ablenkungen aus dem Weg zu gehen. Es ist eine sorgfältig beachtete Disziplin, die von Liebe und Freude motiviert wird.

Paulus dachte einmal, er könne bei Gott Punkte sammeln durch sein Streben nach Gerechtigkeit (Phil 3,5.6) (146). Dann erkannte er, dass Christi Gerechtigkeit ein Geschenk ist. Er gab den Versuch auf, sie durch menschliche Anstrengung zu erlangen, nicht aber die Bereitschaft zu harter Arbeit. 1. Korinther 15,10 (147) macht dies deutlich.

Schau dir den Vers an und schreibe ihn nieder:

Warum hat Paulus auch weiterhin hart gearbeitet? Weil er nun nicht mehr durch das Gesetz, sondern durch die Gnade motiviert war. Und Gnade erweist sich in harter Arbeit. Der Schlüssel ist unsere Motivation. Die Gesetzlichkeit spricht uns von außen an und sagt: „Du musst dies und das tun". Die Freizügigkeit, beeinflusst durch die Gesellschaft und durch Protestbewegungen, erklärt: „Du musst überhaupt nichts tun". Die Disziplin jedoch erwächst von innen heraus und sagt: „Ich möchte es tun".

Jesus sagte: „Dies aber ist das ewige Leben, dass sie dich, den allein wahren Gott, und den du gesandt hast, Jesus Christus, erkennen" (Joh 17,3). Jesus geht es nicht um deinen Körper, sondern um dein Herz, weil er weiß, dass du ihm bereitwillig auch deinen Körper zur Verfügung stellen wirst, wenn er dein Herz hat. Er liebt dich und möchte, dass du dich seiner Gesellschaft erfreust, nicht sie erträgst. Deshalb diszipliniere dich, Zeit mit ihm zu verbringen. Widerstehe den Versuchen des Feindes, dich entweder in Gesetzlichkeit oder Freizügigkeit hineinzuziehen.

Welche Übungen würdest du gerne weiterverfolgen? Schreibe sie hier nieder:

Geistlich (z. B. Bibelstudium, Gebet)____________________

____

Geistig (z. B. Lesen, Lernen)__________________________

____

Körperlich (z. B. Gymnastik, Essgewohnheiten)__________

____

Andere (z. B. Gastfreundschaft, Verpflichtungen)__________

____

Bete über diese Dinge, mach dir Gedanken und schreibe auf, wie du sie angehen möchtest.

____

____

Und nun setze sie in die Tat um.

Weltliche Gesinnung

Charles Wesley hatte, wie wir eingangs erwähnten, das große Verlangen, dass die Welt die Reichtümer der Gnade Gottes sehen und schmecken könne. Was die Welt jedoch viel häufiger schmeckt und sieht, ist etwas völlig anderes. Der Gesellschaft wird vorgetäuscht, im Christentum gehe es nur darum, *gut zu sein* und nur die sehr Religiösen gingen noch regelmäßig zur Kirche und beachteten zahlreiche zusätzliche Regeln im Vergleich zu den normalen so genannten *Gläubigen*.

Wenn man anfängt, etwas vom Wunder der Gnade Gottes zu begreifen, dann erkennt man, wie weit die Welt in ihrem Verständnis des Christentums abgedriftet ist. Aber warum? Die Antwort ist einfach: Anstatt der Welt ein völlig revolutionäres Lebensverständnis anzubieten, haben es Christen fast unmerklich zugelassen, dass die Welt ihnen ihr Lebensverständnis aufdiktiert. Wenn die Kirche weltliches Handeln übernimmt, dann muss letztlich die Gesellschaft zu einem falschen Schluss über das Wesen der Gnade Gottes und über die wahre Definition von Weltlichkeit gelangen. Christen müssen eindeutig einen Lebensstil und eine Denkweise vorweisen, die das Wirken der Gnade Gottes in ihnen auf zutreffende Weise widerspiegelt. Niemals dürfen sie einer weltlichen Gesinnung nachgeben. Lies 2. Petrus 3,17.18 (148).

Was kann geschehen, wenn wir nicht vorsichtig sind?

____

____

____

Wie schützen wir uns?

Weltliche Gesinnung – was ist das?

Was haben Menschen nicht alles unternommen, um eine weltliche Gesinnung zu vermeiden. Die Einsiedler des vierten Jahrhunderts zogen sich von der Gesellschaft zurück und lebten in der Wüste auf ihrer Suche nach einem Leben der Selbstverleugnung. Sie beteten, meditierten, fasteten, verzichteten auf Schlaf und mauerten sich manchmal sogar selbst in Höhlen ein. Simeon Stylites verbrachte den letzten Teil seines Lebens auf einer Säule in Syrien, nachgefolgt von Daniel, der nahe Konstantinopel 33 Jahre auf einer Säulenspitze lebte.

In einigen christlichen Kreisen begegnet man selbst heute noch dem Gedanken, man müsse sich von der Gesellschaft zurückziehen, um eine weltliche Gesinnung vermeiden zu können. Christliche Kommunitäten bilden sich auf Bauernhöfen außerhalb der Städte. Ihre Bewohner verfolgen einen meist einfachen, selbstgenügsamen Lebensstil, bearbeiten das Land, leben von seinem Ertrag und betonen geistliche Übungen.

Einige Menschen meinen, man müsse von der Welt abgesondert leben, weil die Bibel ihrer Überzeugung nach lehrt, eine Verbindung mit der Welt sei schlecht. Sie führen zum Beispiel folgende Verse an, um ihre Meinung zu unterstützen:

Schreibe diese Verse nieder:

1 Joh 5,19 (149):________________________________

____

1 Joh 2,15 (150):________________________________

____

____

Jak 4,4 (151):__________________________________

____

____

____

Sollten wir also ernsthaft in Erwägung ziehen, uns den schlechten Einflüssen der Welt zu entziehen, damit wir ein erfüllteres geistliches Leben erfahren können? Natürlich hängt die Antwort auf diesen Vorschlag von einer anderen Frage ab: *Was ist eine weltliche Gesinnung?* Man kann einer Sache nicht aus dem Weg gehen, wenn man sie nicht wirklich kennt.

Die Welt

„Des Herrn ist die Erde und ihre Fülle, die Welt und die darauf wohnen" (Ps 24,1). Obwohl die Welt unter einem Fluch steht, ist sie immer noch ein schöner Ort. Der Psalmist verweilt oft in Gedanken an die wunderbaren Dinge um ihn herum und lobt Gott für seine schöpferische Kraft (Psalm 104).

Wenn Johannes die Christen auffordert: „Liebt nicht die Welt", dann sagt er damit nicht: „Ihr sollt eure physische Umgebung nicht mehr wertschätzen". Man übersetzt das Wort *Welt* hier besser mit *Zeitalter.* Johannes sagt damit, man solle sich nicht in etwas verwickeln lassen, was in Wirklichkeit nur ein vorübergehender Abschnitt ist, zu dem weder wir noch Jesus gehören.

Vervollständige den Vers:

(Joh 17,14) (152) Ich habe ihnen______________________

____

____

____

Wir sind von oben geboren. Unser Zuhause ist im Himmel, aber wir müssen in der Welt leben, bis wir dahin gelangen. Jesus erwartete nicht, dass wir von ihr weggenommen würden. Allerdings betete er um Schutz vor dem Bösen, solange wir hier bleiben (Joh 17,15) (153).

Was ist also eine *weltliche Gesinnung*? Geht es dabei ums Rauchen, sich Betrinken, Fluchen, Betrügen oder dergleichen? Sicher, dies mögen die auffälligsten Ausdrucksformen davon sein, aber sie treffen nicht den Kern des Problems.

Zu Noahs Zeit richtete Gott die Welt durch Wasser. Als Lot lebte, kam das Gericht durch Feuer. Wir wissen, dass bei beiden Vorfällen die Menschen ihre Bestrafung verdienten. Es scheint jedoch schon sonderbar zu sein, dass der kurze neutestamentliche Bericht dieser Ereignisse in keiner Weise auf das Bezug nimmt, was wir *wirklich schlechte Dinge* nennen würden.

Lies Lukas 17,26-29 (154) **und führe die Verbrechen der Menschen damals auf:**

Warum verliert Lukas keine Bemerkung über die Schlechtigkeit der Menschen? Weil ihre Sünde nicht in Handlungen, sondern in Haltungen wurzelte.

Ein *weltlicher* Christ tut nicht notwendigerweise ganz offensichtlich schlechte Dinge; er fährt einfach in seinem gewohnten Handeln fort ohne besonderen Bezug auf Gott. Er füllt seine Gedanken mit dem Denken dieses Zeitalters und tut so, als sei das *Heute* alles.

„Und seid nicht gleichförmig dieser Welt" (Röm 12,2). Der Apostel Paulus erkannte die große Gefahr, in der die ersten Christen standen: die Gefahr, sich von der Welt beherrschen zu lassen. Seine Besorgnis erstreckt sich auch auf Gläubige heute. **Wir leben unter einem gewaltigen Druck, uns den Gegebenheiten unserer Gesellschaft anzupassen. Dennoch verlangt Gott nicht, dass wir uns äußerlich von den Einflüssen der Welt entfernen, sondern dass wir der Versuchung widerstehen, Ihn aus unserem täglichen Leben auszuschließen.**

Was bezeichnet also die Bibel selbst als wahre Wurzel weltlicher Gesinnung?

Weltlicher Reichtum

Schreib dir die Frage des Judas auf:

(Mt 26,15) (155)____________________________________

____

Wie viel ist das wert? – Ich will nur Bares – Hauptsache, die Kohle stimmt – Ware gegen Geld – Ohne Moos nix los. Hast du schon einmal festgestellt, wie viele Ausdrücke für und übers Geld es gibt? Und hast du schon mal bemerkt, dass viele von ihnen an die Ichbezogenheit appellieren: *Ich tu das für dich, wenn du mir...?*

Schreibe noch andere Ausdrücke auf, die dir einfallen:

____

Die Vielzahl der Ausdrücke ist eigentlich nicht überraschend; Geld war und ist schon immer einer Gesellschaft wichtigster Gebrauchsgegenstand gewesen. Die Leute nehmen an Wettbewerben teil, um es zu gewinnen, sie stehlen, betrügen und morden, um es zu besitzen, sie träumen davon, bestechen damit, leben dafür. Manchmal sind sie sogar bereit, selbst ihre Freunde zu verraten – um einer Hand voll Münzen willen.

Was denkt die Gesellschaft nach Prediger 10,19 (156) **übers Geld?**

____

____

Dieser geldbewussten und geldgierigen Welt erklärt Jesus: „Ihr könnt nicht Gott dienen und dem Mammon“ (Mt 6,24) (157). Geld hat die Kraft zu verderben.

Verliebe dich in es und es wird wahrscheinlich Auswirkungen haben, die du nicht erwartest:

(1 Tim 6,10) (158)____

____

Wenn wir von ganzem Herzen Gott dienen wollen, werden wir unweigerlich gegen einen sehr starken Strom von Meinungen anzuschwimmen haben. Die Leute werden von uns erwarten, dafür zu leben, was man aus der Welt herausholen, nicht dafür, was man in sie hineingeben kann. „Nimm die Beförderung an und den Umzug in Kauf", werden sie sagen, „du hast dir das bessere Gehalt verdient".

Nichts gegen eine Beförderung. Wenn du diese aber nur annimmst, weil du dadurch mehr verdienst, dann ist diese Entscheidung aus finanziellen Prinzipien heraus getroffen worden. Wie steht es aber um dein christliches Zeugnis? Gibt es an deiner neuen Arbeitsstelle eine gute Gemeinde? Und mehr noch: Möchte Gott überhaupt, dass du deine Beförderung annimmst?

„Aber", wirst du sagen, „wenn ich ablehne, denken die Leute, ich sei verrückt". Stimmt, aber du stellst dich nicht ihrer Welt des Geldes gleich, weil du in einem anderen Königreich lebst. Es ist wichtiger, das zu tun, was Gott will, als das, was die Menschen erwarten.

Weltliche Weisheit

Schreibe 1. Korinther 3,18 (159) **nieder:**

____

____

Eva glaubte, die Frucht des verbotenen Baumes im Garten sei „begehrenswert, Einsicht zu geben“ (1 Mo 3,6) (160). Deshalb aß sie davon – und musste die Konsequenzen ertragen. „Du glaubst doch nicht wirklich all den Unsinn über Adam und Eva?“, fragen intelligente Leute. „Wie naiv willst du werden?“ In unserer Zeit solltest du doch etwas wissenschaftlicher an die Sache herangehen. Du bist so leichtgläubig, du glaubst auch alles!“

Das ist interessant. Die Leute verurteilen dich wegen deiner *Torheit,* doch gleichzeitig auch sich selbst wegen ihrer *Weisheit.* Obwohl sie jeglichen Glauben an 1. Mose 3 abstreiten, begehen sie genau dieselbe Sünde wie Eva: sie glauben, Weisheit unabhängig von Gott gewinnen zu können. Sie glauben, Weisheit finden zu können, wo sie nicht gefunden werden kann. Wenn sie sich nicht die *Torheit* Gottes zu eigen machen, werden sie jedoch niemals weise werden.

Schreibe 1. Korinther 1,18 (161) **auf:**

Weltliche Weisheit spricht deutlich aus, dass es lächerlich ist, seine ganzen Hoffnungen auf Leben und Tod eines Menschen zu setzen, der vor fast 2000 Jahren im Mittleren Osten gekreuzigt worden ist.

Modernes Denken beweist die Belanglosigkeit der Geschichten einiger Fischer und Steuereintreiber über das Leben eines *Glaubensheilers* namens Jesus von Nazareth. Wie kann man sein Schicksal solchen Berichten anvertrauen?

Moderne Denker haben das Christentum mit ihren gutklingenden Argumenten erschüttert. „Es ist unmöglich, an eine tatsächliche körperliche Auferstehung zu glauben", erklären sie überzeugt. „Irgendwie muss die Auferstehung Jesu anders interpretiert werden".

Welche Antwort gibt ihnen Paulus?

(1 Kor 15,14) (162)______________________________

____

____

Sie versichern uns, die Kirche würde niemals moderne Denker unserer Zeit anziehen, wenn wir nicht alte Formen der Verkündigung Christi aufgeben würden. „Wir dürfen den Verstand des modernen Menschen nicht beleidigen", sagen sie.

Korrigiere die folgende Aussage:

„Denn weil in der Weisheit des Menschen die Welt durch ihre Weisheit Gott erkannte, hat es Gott wohlgefallen, durch die Logik der Predigt jene zu erretten, welche die Dinge intellektuell erfassten."

(1 Kor 1,21) (163)______________________________

____

____

Die Menschheit hasst die einfache Botschaft des Kreuzes. Es beleidigt die Intelligenz, Errettung allein aus Glauben zu empfangen, weshalb moderne Theologen den Weg zu Gott *annehmbarer* machen wollen. „Jesus war ein ausgezeichneter Moralprediger", sagen sie. „Es ist gut, wenn wir seinem Beispiel folgen".

Diese Denkensart kennzeichnet den Geist unseres Zeitalters. Der menschliche Stolz sagt: „Man muss Gott wissenschaftlich verstehen. Wir sollen nicht tatsächlich das tun, was die Bibel sagt; das macht keinen Sinn". Menschlich gesprochen macht es vielleicht nicht viel Sinn, dem zu folgen, was Gott in seinem Wort sagt, doch darin liegt das Geheimnis: Gottes Torheit ist größer als die menschliche Weisheit, und wir sind dazu berufen, Gottes Wegen hingegeben zu sein, nicht menschlichen.

Der menschliche Stolz sagt, Paulus sei nur ein Mensch seiner Zeit und deshalb auch in seinem Verständnis eingeschränkt gewesen. Deshalb müsse man seine Schriften im Licht moderner Erkenntnisse hinterfragen.

Wir werden feststellen können, ob unsere Haltungen *weltlich* oder *biblisch* sind, wenn wir darauf achten, wie wir persönlich auf klare biblische Lehre reagieren, wenn diese von modernen Auffassungen abweicht. Paulus lehrte zum Beispiel, eine Frau solle sich ihrem Ehemann unterordnen wie dem Herrn, denn der Ehemann ist Haupt der Frau, wie Christus Haupt der Gemeinde ist (Eph 5,22-24) (164).

Denkst du, eine Frau solle sich unterordnen?

○ JA

○ NEIN

Weltliche Weisheit sagt uns: „Du kannst es dir nicht leisten, diesen Monat Geld wegzugeben", aber was sagt Gott?

Korrigiere die folgende Aussage:

„Haltet zurück, und es wird euch gegeben werden. Ein ausreichendes Maß wird euch in den Schoß gelegt werden; denn mit demselben Maß, mit dem ihr gemessen hättet, wird euch wieder gemessen werden."

(Lk 6,38) (165)____

Weltliche Weisheit sagt uns: „Dieser Mensch hat sich dir gegenüber absolut schlecht verhalten. Jetzt hast du die Chance, es ihm zurückzugeben", aber was sagt Gott?

Korrigiere die folgende Aussage:

„Hasset eure Feinde, fügt Schaden zu denen, die euch hassen, verflucht diejenigen, die euch verfluchen, seid nachtragend gegen jene, die euch beleidigen."

(Lk 6,27.28) (166)______________________________________

Weltliche Weisheit sagt uns: „Suche dir einen Namen zu machen. Lass dich immer am rechten Ort blicken. Tu all die Dinge, die den Leuten zeigen, wie gut du bist. Es macht nichts, wenn du dabei jemandem auf die Füße trittst, gebrauche die Ellbogen", aber was sagt Gott?

Korrigiere die folgende Aussage:

„Wer auch immer sich selbst bemerkbar macht wie ein König, soll der Größte sein im Reich der Himmel.“

(Mt 18,4) (167)____

____

____

Wann auch immer wir irgendeiner Sache ausgesetzt sind, stehen wir vor der Entscheidung, ob wir menschliche Weisheit oder göttliche Torheit anwenden. In einer solchen Situation die anscheinend vernünftigen Worte der Menschen beiseite zu schieben und völliges Vertrauen in das scheinbar unlogische Wort Gottes zu setzen, stellt einen echten Schritt des Glaubens dar.

Setze es dir zum Ziel, dich auf folgende Weise zu verhalten:

(2 Kor 1,12) (168)____

____

Weltliche Religion

Religiöse Menschen fordern die Einhaltung bestimmter christlicher Regeln, um von einer weltlichen Gesinnung loszukommen. Folgt man diesen Regeln, so ist dies der Beweis einer von der Welt gelösten Gesinnung. Mit anderen Worten: Man muss sonntags in die Kirche gehen, darf keine Parties besuchen, nicht trinken und rauchen, darf keine zu enge oder freizügige Kleidung tragen und am Karfreitag auch nicht Fußball spielen.

Alle diese Dinge erscheinen vielleicht empfehlenswert, aber sie helfen uns keineswegs in unserem Bemühen, einer weltlichen Gesinnung zu entfliehen (Kol 2,20-23) (169). Von Menschen gemachte Gesetze werden uns von außen aufgezwungen. Sie sind menschliche Versuche, geistliches Leben zu erlangen. Man kann vielleicht sein Gewissen beruhigen, wenn man ihnen folgt; man wird jedoch weltlich gesinnt bleiben, weil man eben nicht durch den Geist Gottes von innen heraus motiviert ist. Lies Galater 4,9-11 (170).

Was fürchtete Paulus?

____

____

Was taten die Galater so Besorgniserregendes?

____

____

____

____

____

____

Wie entfliehen wir also gemäß der Bibel einer weltlichen Gesinnung? Dies wollen wir im nächsten Kapitel näher betrachten.

Frei von weltlicher Gesinnung

Wie entkommen wir also einer weltlichen Gesinnung? Sollen wir, wie Johannes der Täufer, in genügsamer Weise abseits der Welt leben? Nein. Noch bevor Johannes geboren wurde, war ihm sein Dienst von Gott schon gegeben worden (Lk 1,14-17) (171). Sein Leben stellte die Erfüllung einer besonderen Prophetie dar. In keinem Fall können wir seine Erfahrung irgendwie als *normales christliches Leben* beschreiben.

In der Tat aber ist es wahrscheinlich, dass Johannes in der Erwartung lebte, der Messias würde es ihm gleichtun und ebenfalls spartanisch leben, keinen Wein trinken und weit weg von den Leuten wohnen. Als er dann hörte, dass Jesus mit Sündern aß und trank und unter ihnen lebte, begannen natürlich Zweifel in ihm aufzusteigen, ob Jesus wirklich der Messias sei. Daher sandte er seine Jünger, die es herausfinden sollten (Mt 11,2.3) (172).

Man kann aber Jesus nicht von seinem Volk trennen. Sein Name ist Emmanuel (Mt 1,23) (173).

Welche Bedeutung hat dieser Name? Kreuze die richtige Antwort an:

- Gott auf einer Säule
- Gott in einer Höhle eingemauert
- Gott mit uns
- Gott in einer Wüste

Niemals lebte ein Mensch mit einer solch unweltlichen Gesinnung auf der Erde wie Jesus; dennoch zog er sich nicht von der Gesellschaft zurück und wurde Einsiedler. Er konnte das gar nicht tun, weil er nicht gesandt wurde in die Einsiedelei, sondern zu Menschen, nicht in Höhlen, sondern zu Gebundenen, nicht in Wüsten, sondern zu den Verzweifelten.

Wir sind das „Licht der Welt“ (Mt. 5,14-16) (174). Jesus forderte uns nicht auf: „Lasst euer Licht leuchten vor diesen Steinen in der Wüste, vor Palmen und Kakteen“ – hauptsächlich deshalb, weil es diesen Dingen enorme Schwierigkeiten bereitet, auf das Evangelium zu antworten!

Fülle die Lücken aus:

(Mt 5,16) (174) So soll euer Licht ______________________________

____________damit sie ________________________________ sehen und

____ verherrlichen.

Davonlaufen ist keine Antwort. Befreiung von weltlicher Gesinnung finden wir ...

... durch das Kreuz Jesu

Da die Welt uns nichts geben kann, ist es unnütz, in ihr zu schwelgen oder jegliche Hoffnung in sie zu setzen. Sie kann uns allenfalls kurzzeitigen Erfolg oder unsichere Erfüllung bieten. Paulus rühmt sich deshalb nicht äußerlicher, weltlicher Dinge, sondern findet seine Herrlichkeit im Kreuz Jesu.

Für Paulus stellte das Kreuz nicht einfach eine Erinnerung oder ein sentimentales Symbol dar. Für ihn war das Kreuz gleichbedeutend mit der Aufgabe aller weltlichen Hoffnungen und Bestrebungen. Die Welt kreuzigte den Herrn Jesus und wir sind nun aufgefordert, ebenfalls unser Kreuz auf uns zu nehmen und ihm nachzufolgen. Indem wir unser Kreuz aufnehmen, drücken wir gleichzeitig aus, dass wir unser Leben in dieser Welt für Jesus Christus niederlegen.

Lies Johannes 12,25 (175) **und vervollständige den Vers:**

Wer sein Leben ______________________________ und wer

____________________ in dieser Welt ____________________

____

Lies nun Galater 6,14 (176). **Auf welche Art und Weise erlöst uns das Kreuz von dieser Welt?**

____

____

... durch die Erneuerung unserer Sinne

Fülle die Lücken aus:

(1 Sam 16,7b) (177) Denn der Mensch____________________

Augen ist, aber ______________________________

Die Welt untersteht der Kontrolle eines Lügners. Satan will uns völlig in weltliches Denken einlullen, all unsere Gedanken mit leiblichen Vergnügungen in Beschlag nehmen: neues Auto, neue Kleider, neue Spielzeuge, mehr Geld, mehr Urlaub, mehr Wohlstand.

Das Reich Gottes liegt in den Händen eines Mannes, der für sich in Anspruch genommen hat, *die Wahrheit* zu sein (Joh 14,6) (178). Jesus möchte uns von weltlichem Denken abbringen, uns von innen her durch die Wahrheit (Joh 17,17) (179) geheiligt sehen.

So braucht unser oberstes Anliegen nicht die Frage sein: *Was werden die Leute von mir denken?*, sondern: *Was sagt Gott in seinem Wort darüber?* Wir müssen lernen, alle weltlichen Gedankenmuster zugunsten eines völlig revolutionären Verhaltens zurückzuweisen.

Welche Menschen erhalten nach Matthäus 5,3-10 (180) **Gottes Segen?**

____

____

____

____

____

... durch einen an Gott orientierten Lebensstil

Darf ich im Gottesdienst Jeans tragen? Kann ich am Karfreitag Fußball spielen? Welche Fernsehsendungen sollte ich nicht anschauen? Solche Fragen stellen sich Christen immer wieder. Aber Gott möchte nicht einfach unsere Fragebögen abhaken, um uns wissen zu lassen, was ihm gefällt oder missfällt. Er möchte nicht mehr nur durch äußere Gebote und Gesetze mit uns in Verbindung stehen; er sucht eine Beziehung zu uns. Welche Antworten gibt es also für unsere echten Schwierigkeiten?

Vervollständige den Abschnitt:

(1 Tim 4,4) (181) Denn jedes ______________________________

______________________________ wenn ______________________________

____ wird.

Wenn du wissen möchtest, ob eine Sache gut ist, dann frage dich: „Kann ich Gott dafür danken? Wäre er beispielsweise erfreut, mich bei diesem Film zu sehen? Regiert der Friede Christi in meinem Herzen?“ (Kol 3,15 (182)). Ist die Antwort „Ja“, dann schau ihn an. Stellst du aber nach einiger Zeit fest, dass du ihn nicht weiter anschauen kannst, dann ist es Zeit, um- oder abzuschalten.

Lies Prediger 3,1-8 (183) **und schreibe Vers 1 hier nieder:**

____

____

____

____

Wenn nun die Frage gestellt würde: „Darf ich tanzen gehen?“, dann müsste die Antwort lauten: „Das hängt von der Zeit ab“. Manchmal ist es richtig, manchmal nicht. Das bringt jeden Pharisäer in Rage.

Auf einige Fragen gibt es jedoch definitiv nur eine negative Antwort: „Darf ich die Ehe brechen? Kann ich meine Steuererklärung frisieren?“ Dann gibt es wiederum Bereiche ohne feste Regel: „Kann ich am Sonntagmittag schwimmen gehen?“ Wenn du dadurch einer anderen Verantwortung aus dem Weg gehst, dann lautet die Antwort in diesem Fall: „Nein“. Hast du allerdings die rechte

Motivation, dann „Ja". Wir leben nicht für uns selbst, sondern für Gott. Er wird uns durch seinen Geist wissen lassen, was er von uns möchte.

... durch die Erinnerung an die Vergänglichkeit dieses Zeitalters

Paulus erinnert uns daran, dass „die Gestalt dieser Welt vergeht" (1 Kor 7,31b) und: „Die Nacht ist weit vorgerückt und der Tag ist nahe" (Röm 13,12) (184). Die Nacht begann, als Adam sündigte und die gesamte Menschheit mit ihm fiel. Aber nun bricht sich der Tag Bahn. Warum sollen wir deshalb einer Welt, die bald vergangen sein wird, unsere Energie zur Verfügung stellen? Warum sollen wir leben, als ob der Planet Erde ewig bestünde?

Wir sind Kinder des Lichts und gehören zu einem himmlischen Königreich, welches in Ewigkeit Bestand hat. Es passt nicht zu unserem Wesen, als Kinder der Finsternis zu leben, die zur vergänglichen Welt gehören. Wir sind aus der Finsternis zu wunderbarem Licht (1 Petr 2,9) (185)) errettet. Aus diesem Grund ermahnt uns Paulus, „die Werke der Finsternis abzulegen und die Waffen des Lichts anzuziehen" (Röm 13,12) (184).

Welche Werke der Finsternis erwähnt er?

(Röm 13,13) (186) ______________________________

____

Was sollten wir stattdessen tun?

(Röm 13,14) (187) ______________________________

____

Wie setzen wir das in die Praxis um?

(Kol 3,12-17 (188)______________________________

____

____

____

____

____

____

____

____

Geh hin und leuchte mit himmlischem Licht vor Menschen in weltlicher Dunkelheit!

Werde umgestaltet

Die Gnade Gottes lehrt uns nicht nur, weltliche Gesinnung abzulegen, sie ermutigt uns auch, „besonnen und gerecht und gottesfürchtig zu leben in dem jetzigen Zeitlauf" (Tit 2,12) (189). Der Weltlichkeit zu entfliehen ist sinnlos, wenn wir sie nicht durch Positives ersetzen. Hierbei geht es nun um richtiges Denken und Leben nach dem Willen Gottes.

Als Mose vom Berg Sinai herabkam, leuchtete sein Gesicht von dem widergespiegelten Licht (2 Mo 34,29) (190). Auf dem Berg der Verklärung jedoch strahlte Jesus sein eigenes Licht aus (Mt 17,2) (191). Wenn in den biblischen Briefen das Verb *umgestalten* gebraucht wird, dann ist das dasselbe Wort, das für die *Verklärung* Jesu auf dem Berg gebraucht wurde. „Werdet verwandelt durch die Erneuerung des Sinnes", sagt uns die Bibel (Röm 12,2) (192). Sie sagt nicht: „Verwandelt euch selbst" oder „Werdet verwandelt durch den Gehorsam gegenüber einem bestimmten Lebensstil". Die Verwandlung, die Gott uns erfahren lassen möchte, geschieht von innen heraus, wenn wir es ihm gestatten, unser Denkmuster zu verändern.

Der Kampf um den Verstand

Wenn du jemandem mitteilst, er habe bei einem Wettbewerb eine riesige Summe Geld gewonnen, so wird er außer sich geraten. In den Tagen, bevor er den Preis in Empfang nimmt, wird er es jedem erzählen und sich genau überlegen, was er damit anfangen möchte. „Ich werde Ferien in der Karibik machen", wird er sagen, „und ich werde in ein größeres Haus ziehen und ein besseres Auto kaufen..."

Stellen wir uns nun vor, der Mann erfährt am Tag vor Fälligkeit seines Preises, dass er Opfer einer Fehlinformation war und überhaupt nichts gewonnen hat.

Völlig verstört wird er überall herumtelefonieren um herauszufinden, was geschehen ist. Natürlich ist er zornig darüber, dass der Fehler nicht früher entdeckt wurde und grollt demjenigen, der den Preis nun in Empfang nimmt. Er schwelgt in Selbstmitleid und zieht sich in die nächste Kneipe zurück, wo er seinen Kummer mit einigen Glas Bier ertränkt.

Beeinflusse jemandes Denken und du wirst immer auch seine Reaktionen beeinflussen. Aus diesem Grund gibt es auch einen solch starken Kampf um den Verstand.

Schreibe 2. Korinther 10,5b (193) **hier nieder:**

____

____

Das unbekehrte Denken

Bevor wir Christen wurden, stand unser Verstand unter der Kontrolle des Teufels.

Schreibe auf, wie unser Denken beeinflusst war:

(2 Kor 4,4) (194)__________________________

____

____

____

(2 Kor 3,14) (195)____

____

(Kol 1,21) (196)____

____

Kluge Männer und Frauen sind der Meinung, sie könnten Gott durch ihren überlegenen Verstand und ihre Weisheit erkennen. Da liegen sie falsch. Ihr Verstand ist blind, wie auch der eines jeden anderen Ungläubigen. Ähnlich wie die Pharisäer glauben sie, Gott zu kennen, in Wirklichkeit jedoch tappen auch sie nur im Dunkeln.

Als Jesus den von Geburt an Blinden geheilt hatte, wollten die Pharisäer dieses Wunder nicht anerkennen. Stattdessen reagierten sie mit Verachtung, „schmähten ihn und sprachen: ‚Du bist sein Jünger, wir aber sind Moses Jünger'" (Joh 9,28). Diese Reaktion ist bei Ungläubigen typisch. Ihre Herzen sind verhärtet. Einerseits wollen sie nicht von ihrer eigenen Blindheit überführt werden, andererseits aber auch nicht zugeben, dass die anderen sehen können (Joh 4,41) (197).

Ebenso begegnen Ungläubige dem Evangelium mit Feindschaft. Zu dem Mann, der schon blind geboren wurde, sagten sie: „Du bist ganz in Sünden geboren und *du* lehrst uns?" (Joh 9,34). Dann warfen sie ihn zum Tempel hinaus.

Vor seiner Bekehrung war auch der Apostel Paulus blind, hart und feindselig. Und als ob er die Blindheit des Denkens von Paulus noch unterstreichen wollte, nahm Gott dem Apostel noch kurze Zeit sein leibliches Sehvermögen. Nachdem Paulus diese Erfahrung durchgemacht hatte, wusste er nur zu gut, was es hieß, in Dunkelheit zu leben.

Das bekehrte Denken

Es brauchte mehr als nur eine neue Religion, um Paulus von einem Reich der Dunkelheit in ein Reich des Lichts zu überführen. Er musste gezwungen werden, die Notwendigkeit einer grundlegenden Veränderung des Denkens und des Herzens einzugestehen. Dies ist eine Errettung, welche er unter keinen Umständen selbst erarbeiten konnte.

Hin und wieder ein Besuch in der Kirche am Sonntag und ein paar gute Werke während der Woche befriedigen vielleicht das menschliche Ego, sie bewirken aber nichts für Gott. Errettung gründet sich nicht auf menschlich vernünftigem Denken, sondern auf Gottes Offenbarung.

Als Petrus vor Jesus bekannte: „Du bist der Christus, der Sohn des lebendigen Gottes“, da antwortete Jesus: „Glückselig bist du, ... denn Fleisch und Blut haben es dir nicht geoffenbart, sondern mein Vater, der in den Himmeln ist“ (Mt. 16,16.17).

Lies Mt. 11,25.26 (198).

Vor wem hat Gott große geistliche Wahrheiten verborgen?

Wem hat er sie offenbart?

Das umgestaltete Denken

Errettung geschieht nur als Geschenk von Gott. Christen sind Menschen, deren Verstand für diese Wahrheit geöffnet worden ist, aber dies ist nur der Anfang. Sobald uns geistliche Einblicke gegeben sind, möchte Gott, dass wir die geistliche Wirklichkeit auch mehr und mehr erkennen. Deshalb betet Paulus zu Gott, er möge den Ephesern „den Geist der Weisheit und der Offenbarung" geben und „die Augen ihres Herzens" erleuchten (Eph 1,17.18) (199).

Ein sehendes Denken

Im Leben eines jeden von uns finden sich *blinde* Bereiche, die Gott ändern möchte. Oftmals sind wir uns dieser Bereiche nicht genau bewusst, doch sind sie die Folge falscher Denkmuster. Es braucht Offenbarung von Gott, hier die Wahrheit zu erkennen. Wenn wir also das Wort Gottes lesen oder eine Predigt hören, müssen wir achtsam sein und Gott bitten, zu uns zu sprechen.

Welche Reaktion erwartet Gott auf sein Wort?
Lies Sprüche 2,1-5 (200).

____

____

____

Ein bereitwilliges Denken

Traurigerweise gibt es Menschen, die Gott wohl erlauben, ihre Härte zu durchbrechen und sie in das Reich Gottes zu bringen, die sich aber dann verweigern, wenn Gott bestimmte Dinge in ihrem Leben anspricht. Die Pharisäer wollten Jesus nicht antworten, als er sie fragte, ob die Taufe des Johannes von Menschen oder von Gott sei (Lk 20,4-8) (201). Sie wollten die Konsequenzen ihrer Antwort nicht ertragen und so legten sie sich nicht auf eine eindeutige Meinung fest.

Es gibt Christen, die bestimmte Lehrmeinungen nicht mögen, vielleicht die Erwachsenentaufe, die Taufe im Heiligen Geist oder irgendetwas anderes. Andere Christen wiederum wurden vielleicht an einem bestimmten Punkt ihres Lebens herausgefordert, beispielsweise wegen Disziplinlosigkeit oder irgendeiner Sünde. Egal, was es sein mag, alle schaffen sie es, diesen Herausforderungen aus dem Weg zu gehen. **Sie wollen Gott nicht gestatten, ihr Denken zu verändern, weil sie das Ergebnis fürchten.**

Schreibe Joh 7,17 (202) **nieder:**

____

____

____

Ein Christ, der Gottes Willen wirklich tun möchte, wird hören, was Gott zu sagen hat. Wenn sich jedoch sein Geist in einem bestimmten Punkt nicht öffnet, wird er gleichsam die Ohren vor Gottes Wort verschließen, wie die Menge bei der Steinigung des Stephanus (Apg 7,57) (203). Jesus hat ihm nun, da er sich seiner Lehre verweigert hat, nichts mehr zu sagen.

Jakobus sagt uns, dass die Weisheit von oben voll Barmherzigkeit und folgsam ist (Jak 3,17) (204). Wenn Gläubige also strikt ihre Wege geplant und ihr Denken verschlossen haben, demonstrieren sie damit Unreife. Sie haben ihr Urteil in einer Sache gefällt und sich so sehr in ihr eigenes Denken eingegraben, dass sie sich jeglichem anderen Blickwinkel verweigern. Eine solche Härtigkeit sollten wir nicht an uns herankommen lassen. Sei bereit, den Meinungen anderer zuzuhören und sei demütig genug, gelegentlich dein Denken im Licht der anderen Meinung zu ändern.

Welchem Thema gehst du am meisten aus dem Weg?

____

____

____

____

____

Bring es zu Gott. Bitte ihn um Offenbarung und öffne dich auch andern gegenüber in deiner Suche nach Wahrheit.

Ein demütiges Denken

Wachsen wir in der Erkenntnis Gottes, so stehen wir zunehmend einer sehr realen Gefahr gegenüber: Wir werden stolz auf unsere Leistungen und geistlichen Erfahrungen. Aus diesem Grund werden wir gewarnt, „nicht höher von uns zu denken, als zu denken sich gebührt“ (Röm 12,3) (205). Wie groß die Versuchung auch sein mag, nur für die Anerkennung von Menschen zu leben, wir dürfen ihr keinen Raum gewähren.

In Demut achte einer den andern höher als sich selbst, lehrt uns Paulus (Phil 2,3) (206), und Jesus, welcher „sanftmütig und von Herzen demütig ist“, fordert uns auf: „Lernt von mir“ (Mt 11,29) (207).

Als König David aus Jerusalem floh, trat ein Mann namens Schimi auf, warf mit Steinen und Dreck nach ihm und fluchte ihm. David hätte leicht seine Exekution befehlen können, aber er tat es nicht. Stattdessen sagte er zu seinen Leuten: „Lasst ihn, mag er fluchen“ (2 Sam 16,11) (208).

Wenn wir zu Unrecht beschuldigt werden, möchte Gott, dass wir aus echter Demut heraus reagieren, nicht aus verwundetem Stolz. Wie David sollten wir nicht selbst nach Vergeltung trachten, sondern uns Gott anvertrauen.

Schreibe auf, was David sagte:

(2 Sam 16,12) (209) ______________________________

____

____

Lies nun 2. Samuel 19, 18-23 (210). **Was tat Schimi?**

____

____

____

An der Art und Weise, wie ein Christ auf Kritik reagiert, kann man das Maß seiner Demut erkennen. Schlägt er zurück und versucht, seinen Standpunkt zu verteidigen? Wendet er sich ab und fällt in Selbstmitleid? Oder nimmt er die negativen Kommentare an und sucht, daraus zu lernen?

Auf welche Art und Weise reagierst du gewöhnlich auf Kritik?

____

____

____

____

Ein dankbares Denken

Es gibt immer etwas, worüber wir uns beklagen können. Dabei gewöhnen wir uns so sehr an unser Klagen, dass wir es fast nicht mehr bemerken. Es wird Teil unseres Wesens, aber es ist *nicht* Teil des Wesens Gottes in uns.

Fülle die Lücken aus:

(Phil 2,14.15) (211) Tut alles______________________________

damit ihr______________________________________

____

____

Es geschieht nur allzu leicht, dass negative Umstände unser Denken gefangen nehmen und uns zu negativen Menschen machen. Wenn dies geschieht, verlieren wir unsere Freude und stehen in der Gefahr, depressiv oder verzweifelt zu werden. Danach überkommt uns Bitterkeit wegen der Situation und wir sind nicht mehr in der Lage, Gottes Handeln darin zu sehen.

Welches Wort in der folgenden Aussage ist falsch?

„Wir wissen aber, dass denen, die Gott lieben, einige Dinge zum Guten mitwirken“ (Röm 8,28) (212).

____

Wie sollte es stattdessen heißen?

____

____

Wenn wir diesen Vers wirklich glauben, dann werden wir auch danach leben. Wir werden nicht zulassen, dass der Teufel uns mit seinen Lügen füttert und uns davon überzeugt, dass Gott sich zurückgezogen und kein Interesse mehr an uns habe.

Stattdessen werden wir uns selbst in die Zucht nehmen und nicht zulassen, dass irgendetwas unseren Glauben an Gott erschüttert, denn er möchte, dass wir dafür leben, was wir als Wahrheit erkannt haben.

Welche Aufforderung gibt uns Petrus und warum?

(1 Petr 4,13) (213) ________________________________

____

____

____

Wenn du im Augenblick vor einer schwierigen Situation stehst, dann denke daran, dass Gott dich liebt und alle Dinge zum Guten mitwirken lassen wird.

Ein friedvolles Denken

Wir leben in einer verängstigten Welt. Auf unseren Fernsehschirmen sehen wir eine scheinbar zunehmende Zahl grausamer natürlicher und von Menschen gemachter Katastrophen. Erdbeben, Hungersnöte, Überschwemmungen und Kriege löschen ganze Städte aus und hinterlassen vollständige Verwüstung. Näher an unserem eigenen Umfeld finden wir unsere persönlichen Probleme: Familie, Freunde, Beziehungen, Arbeit, Krankheit - Dinge, die uns zu überwältigen drohen und den Hang zur Panik schüren.

Da verwundert es nicht, wenn so viele Menschen nur noch mit Beruhigungspillen und Schlaftabletten leben können. Bei manchen ist die Abhängigkeit von solchen Hilfsmitteln gar so stark, dass für sie fast die Welt zerbräche, wenn ihre Pillenschachtel versehentlich vom Badezimmerregal in die Toilette fiele und verschwände.

Während seines Lebens auf dieser Erde geriet Jesus einige Male in extreme Stresssituationen. Dennoch reagierte er jedes Mal mit erstaunlicher Ruhe. Er brauchte keine Beruhigungsmittel, um sich in Form zu halten. Selbst unmittelbar vor seiner Kreuzigung wies er den leicht narkotisierenden Wein zurück, der seine Schmerzen etwas gelindert hätte (Mt 27,34) (214). Wie konnte er in Zeiten solcher Bedrängnis so unerschütterlich ruhig bleiben?

Schreibe Jesaja 26,3 (215) **nieder:**

____

____

Christen müssen angesichts von Drucksituationen nicht in Heillosigkeit verfallen. Jesus ermahnt uns: „Seid nicht besorgt für euer Leben (Mt 6,25) (216) ...Wer aber unter euch kann mit Sorgen seiner Lebenslänge *eine* Elle zusetzen?“(Mt 6,27). Paulus unterstreicht diese Aussage in Philipper 4,6 (217): „Seid um nichts besorgt“.

Es steht dir frei, dir Sorgen zu machen, aber du *musst* dies nicht tun, denn es gibt in deinem Verfügungsbereich auch perfekten Frieden. Diesen kannst du erfahren, wenn du deine Gedankenwelt darauf ausrichtest, Gottes Gedanken nachzudenken und ihm in jeder Situation zu vertrauen. Lies Römer 8,6b (218) und denke darüber nach.

Das Ergebnis

Das Lebensziel eines jeden Christen besteht letztlich darin, mehr und mehr wie Jesus zu werden (Röm 8,29) (219). Das ist ein erreichbares Ziel. Jesus musste nicht ständig bangen, die rechte Gesinnung zu haben oder von den Anforderungen des Lebens überwältigt zu werden und wir müssen dies auch nicht. Durch die Gnade Gottes können wir triumphieren. Erlaube ihm, dein Denken und deine Gesinnung umzugestalten, und du wirst seinen Sieg in jedem Bereich deines Lebens unter Beweis stellen.

Der Wille Gottes

Es ist die Absicht Gottes, dass wir die Gnade Gottes nicht nur empfangen, sondern dass sie auch den Kurs unseres Lebens bestimmt. „Bleibet beharrlich bei der Gnade Gottes“, lautet die Aufforderung in Apostelgeschichte 13,43 (220). Sie ist ein fortlaufender Prozess – unterwegs mit Gott, im Willen Gottes, von der ersten Stunde unseres Glaubens an bis zu dem Zeitpunkt, zu dem wir heimgerufen werden.

Unser Wille

Christen sind Schafe, die einen Hirten haben. Dennoch haben einige von ihnen die Tendenz, sich aus dem geschützten Raum des Hirten zu entfernen. Das sind die etwas lässigen Gläubigen, die äußerlich sehr hingegeben scheinen, aber keine besondere Begeisterung entwickeln, ihr Leben Gott ganz zur Verfügung zu stellen. Stattdessen wandern sie einfach auf dem Feld hin und her, knabbern da und dort etwas christliche Lehre und verbringen im übrigen ihre Zeit mehr mit der Herde als mit dem Hirten.

Verbringt man sein tägliches Leben außerhalb der Hörweite des Hirten, so wird man Schwierigkeiten haben, ihn zu hören, falls man plötzlich seinen Willen in einer größeren Angelegenheit wissen möchte. Voll Panik wird man dann rufen: „Was möchte Gott von mir?“ Eine zuversichtliche Entscheidung ergibt sich dann meist erst nach einigen schlaflosen Nächten, anstatt aus der Praxis des regelmäßigen Hörens auf Gottes Stimme.

Fülle die Lücken aus:

(Röm 12,2b) (221) ... dass ihr ____________________________

was ____ ist.

Das Wort *dass* ist bedeutsam, denn es weist zurück auf das, was der Apostel zuvor schon gesagt hat, „... eure Leiber darzustellen als ein lebendiges ... Opfer" und „... werdet verwandelt durch die Erneuerung des Sinnes". Paulus erklärt uns also damit, dass Gott uns seinen Willen offenbaren wird, wenn wir zuerst in die Fülle des Segens Gottes eintreten, und dies geschieht, indem wir ihm unseren Körper und unser Denken übergeben.

Gottes Wille

Um uns herum leben viele Menschen, die glauben, dass Gott, so es ihn wirklich gibt, am Anfang die Erde geschaffen hat und diese dann ihren eigenen Mechanismen überließ. Diese Menschen, und dazu gehören tatsächlich auch einige Christen, verbringen ihr Leben Tag für Tag ohne jegliche Gewissheit, dass Gott die Kontrolle über die Welt hat, sie zusammenhält und weiterbewegt. So ist für sie alles, was geschieht, fast zufällig.

Schauen wir uns aber die Bibel an, dann erweckt sie nirgends den Eindruck, als sei die Welt lediglich ein riesiges Uhrwerk. Im Gegenteil: Die Schrift ist bis zum Rande voll von Plänen für uns. Gott sagt: „Ich werde es tun" und schon im nächsten Moment tut er es. Dabei weiß er genau, dass alle seine relativ ruhigen Tagespläne auf dieses gewaltige Crescendo hinauslaufen, um schließlich „alles zusammenzufassen in dem Christus, das, was in den Himmeln und das, was auf der Erde ist – in ihm" (Eph 1,10).

Korrigiere die folgende Aussage:

„Gott wirkt einige Dinge entsprechend seinem Willen“

(Eph 1,11) (222) ____

____

____

Gott hat einen festen Vorsatz und er handelt danach. Wenn er sagt, er werde etwas tun, dann tut er es auch. Nichts geschieht jemals ohne sein Wissen oder seine Zustimmung, auch wird er nie durch irgendein Ereignis überrascht. „He’s got the whole world in his hands“ (Er hält die ganze Welt in seiner Hand), heißt es in einem alten Lied, und das schließt uns mit ein. Das vermittelt uns einiges an Sicherheit.

Wenn wir wissen, dass alles, was geschieht, von Gott begleitet wird, dann können wir ihm in allen Umständen vertrauen, auch in verwirrenden. Vom menschlichen Gesichtspunkt aus ist Gottes Wille in vielerlei Hinsicht geheimnisvoll. Wir fragen uns oft: „Warum lässt Gott diese furchtbaren Dinge geschehen?“, aber am Ende beugen wir uns doch vor einem Verstand, der unendlich viel größer ist als der unsrige, und wir erinnern uns daran, dass Gott selbst sagt ...

Schreibe Jesaja 55,9 (223) **auf:**

____

____

____

____

Gott hat einen Plan für uns

„Hätte ich nur eine bessere Erziehung gehabt." „Ich wünschte, ich hätte das niemals getan." „Warum ließ Gott dies in meinem Leben zu?" Wir können sehr leicht ins Bedauern geraten und annehmen, wir könnten mehr für Gott tun, wenn unsere Lebensumstände anders wären. Dabei vergessen wir schnell, dass Gottes Wille für uns nicht erst jetzt beginnt, sondern schon vor unserer Geburt seinen Anfang nahm.

Schreibe Psalm 139,15.16 (224) **auf:**

____

____

____

____

____

____

____

Es war Gottes Entschluss, dich auf der Erde zu haben. Er setzte dich in eine Familie und wusste genau, was mit dir geschehen würde. Er sah dein Versagen und deinen Erfolg, deine Schmerzen und deine Freuden. Er zog dich zu sich hin und möchte nun, als dein liebevoller himmlischer Vater, die Pläne, die er mit dir hat, weiterführen. Er beginnt sie ja nicht erst jetzt.

Korrigiere die folgende Aussage:

„Denn wir sind sein Gebilde, in Christus Jesus geschaffen zu guten Werken, die Gott bereitet hat, als wir Christen wurden."

(Eph 2,10) (225) ______________________________

____

____

____

Du bist nicht nutzlos für Gott, weil Gott keine nutzlosen Dinge schafft. Wenn du meinst, Gott gebraucht dich nicht, weil du irgendetwas getan hast, dann denke daran, dass Mose auf grausame Weise einen Ägypter ermordete, Petrus sehr entschieden Jesus verleugnete und Paulus Christen brutal verfolgte. Wo wäre die Kirche heute, wenn sie gedacht hätten: „Gott wird mich nicht gebrauchen“? Gott kennt unsere Schwachheiten und dennoch will er dich in seinen Plan für dein Leben einpassen, einen Plan, den er schon seit Anfang aller Zeiten bereitet hat.

Wir sollen Gottes Willen kennen

Wenn nun Gott einen Plan für unser Leben hat, dann ist klar, dass wir auch in der Lage sein müssen, ihn zu erkennen.

Was sagt Paulus dazu? Ergänze:

(Eph 5,17) (226) Darum ______________________________ sondern

____

Gott erwartet nicht, dass wir seine Pläne für uns irgendwie erraten oder ziellos danach Ausschau halten. Er möchte uns vielmehr mit der Erkenntnis seines Willens erfüllt sehen. Dies bedeutet nicht, dass wir ihn bitten, unser Leben in minutiösen Details vor uns aufzuzeichnen, was unsere Neugierde sicherlich befriedigen würde. Es bedeutet aber, die generelle Zielrichtung unserer Lebensberufung und unserer Funktion in der Gemeinde von ihm zu erhalten.

Fülle die Lücken aus:

(Röm 12,6a) (227) Da wir ____________________________

haben nach ____________________________

Als Jesus zu Beginn seines Dienstes in der Synagoge in Jerusalem aufstand, sagte er, der Geist Gottes habe ihn gesalbt zu predigen und zu heilen (Lk 4,18.19) (228). Er wusste um seine Rolle, selbst wenn ihm der genaue Zeitablauf vielleicht nicht im Bewusstsein war.

Als die ersten Christen eines Tages vor Problemen in der Verteilung von Lebensmitteln standen, sagten die Zwölf:

Fülle die Lücken aus:

(Apg 6,2) (229) Es ist ____________________________

____________ vernachlässigen ________________ bedienen.

(Apg 6,4) (230) Wir ____________ im ____________

____________________________ verharren.

Die Zwölf waren sich ihres Dienstes ganz offensichtlich bewusst und wollten nicht zulassen, dass andere Tätigkeiten, wie wichtig sie auch immer waren, Gottes Willen für ihr Leben beeinträchtigten. Wie Jesus, benötigten auch sie dazu keinen präzisen Zeitplan. Das Wissen um Gottes allgemeinen Plan für ihr Leben reichte aus, sie auf die Straßen zu treiben und das Evangelium zu verkündigen.

Epaphras stand in festem Gebet für die Kolosser ein. Was war sein Gebet?

(Kol 4,12) (231) ____

____

____

Epaphras sprach dieses Gebet und wusste, dass Gott es beantworten könne. Jeder von uns kann diese Zuversicht haben, dass wir Gottes Willen für unser Leben folgen.

Wir sollen Gottes Willen tun

Saul war demütig und weise, als er König wurde. Er war offensichtlich sehr darum bemüht, Gottes Willen zu tun. Traurigerweise erfüllte sein Leben diese Erwartungen nicht. Er wurde Gott ungehorsam, woraufhin er als König verworfen wurde. Nun hielt Gott Ausschau nach einem Nachfolger (1 Sam 15,26-28) (232). Anstelle Sauls wurde daraufhin David zum König gesalbt, von dem Gott sagte ...

Schreibe Apostelgeschichte 13,22 b (233) **nieder:**

____

____

____

David starb, „nachdem er seinem Geschlecht nach dem Willen Gottes gedient hatte“ (Apg 13,36) (234). Jesus sagt: „Wenn mir jemand dient, so folge er mir nach; und wo ich bin, da wird auch mein Diener sein“ (Joh 12,26) (235). Jesus möchte, dass wir mit ihm arbeiten und seinen Plan für unsere Generation erfüllen helfen. Er möchte nicht, dass wir ständig auf die Segnungen vergangener Zeiten schauen und einfach annehmen, er werde in unserer Zeit auf dieselbe Art und Weise wirken. Nein, wir setzen unser Segel in den Wind des Geistes. Nur dann wird Gottes Regierung auf dieser Erde aufgerichtet werden können. Eines Tages rief eine Frau aus der Menschenmenge Jesus zu: „Glückselig der Leib, der dich getragen, und die Brüste, die du gesogen hast!" (Lk 11,27b).

Schreibe Jesu Antwort nieder:

(Lk 11,28) (236)______________________________

____

Nur jene werden in das himmlische Königreich eingehen, die den Willen des Vaters tun (Mt 7,21) (237). Es gelang Adam nicht hineinzugelangen, weil seine Absicht gewesen war, seinen eigenen Willen zu tun. **Viele Menschen glauben, die Wurzel der Sündhaftigkeit liege in unserem Versagen, eine Liste von Geboten zu befolgen. Nein, die Wurzel des Übels besteht darin, den eigenen Weg leben zu wollen,** und der eigene Weg ist nicht gut genug. Doch Jesus forderte uns nicht nur immer wieder auf, den Willen Gottes zu tun, er gab uns auch ein Beispiel, dem wir folgen können. Lies Johannes 6,38 (238).

Was wollte Jesus nicht tun?

____

Was dagegen war seine Absicht?

____

____

Zum Zeitpunkt dieses Ereignisses stand Jesus auf dem Höhepunkt seiner Popularität und redete vor großen Menschenmengen. Später, allein im Garten Gethsemane und angesichts eines grausamen Todes wiederholte er nur vor seinem Vater diese Aussage. Es ist leicht zu sagen: „Ich werde Gottes Willen tun“, wenn der Weg einfach ist; es ist ein Zeichen von Reife, zu seinem Wort zu stehen, wenn die Welt um uns herum auseinander fällt.

Was nun geschah, schien nicht mehr in den Händen Jesu zu liegen. Pilatus übergab ihn „ihrem (des Volkes) Willen“ (Lk 23,25) (239). Wurde Jesus nun also einfach von den Umständen bestimmt?

Fülle die Lücken aus:

(Jes 53,10a) (240) Doch dem Herrn ____________________

____________________ Er ____________________ lassen.

Jesus wusste, dass er für die Sünde der Welt sterben musste. Dies war Gottes vorherbestimmte Absicht. Viele andere Personen der Bibel erkannten Gottes Plan nicht, bis sie zurückschauten. Joseph zum Beispiel wurde von seinen Brüdern in die Sklaverei verkauft, konnte jedoch später zu ihnen sagen ...

Schreibe 1. Mose 45,7 (241) **nieder:**

____

____

____

Jesus sagte zu seinem Vater: „Ich habe dich verherrlicht auf der Erde; das Werk habe ich vollbracht, das du mir gegeben hast, dass ich es tun sollte“ (Joh 17,4). Am Kreuz rief er aus: „Es ist vollbracht!“ (Joh 19,30) (242). Wir sind geboren, um den Willen des

Vaters zu tun, das Werk zu vollbringen, welches er schon immer für uns in Gedanken hatte. Wenn wir uns diesem Plan Gottes für unser Leben verpflichten, werden wir ein tiefes inneres Wohlbefinden verspüren. Gleichzeitig wird Gott durch uns verherrlicht werden.

Wir sollen uns an Gottes Willen erfreuen

Mancher Christ steht unter dem Eindruck, der Wille Gottes sei *wichtig, beschwerlich und notwendig.* Zweifellos hat derjenige niemals Römer 12,2 (243) gelesen. Dort heißt es, der Wille Gottes sei „das Gute und Wohlgefällige und Vollkommene". Gott will seine Diener eben nicht mit einer Menge täglicher *Hausaufgaben* beschweren, die es durchzuarbeiten gilt. Er möchte seinen Kindern etwas geben, was mit ihrem Leben zu tun hat, wofür sie geschaffen wurden und dessen sie sich in der Tat auch erfreuen können.

Schreibe auf, was David über den Willen Gottes gesagt hat:

(Ps 40,9) (244) ____

____

Eva war nicht der Überzeugung, Gottes Wille sei gut genug; sie suchte ihn zu verbessern. Auf der anderen Seite weigerte sich Jesus, sich das anzueignen, was ihm gehörte. Stattdessen ordnete er sich bereitwillig dem Plan Gottes für sein Leben unter; er glaubte nicht, dass dieser noch verbessert werden könne. Der Wille Gottes war seine „Speise" (Joh 4,34) (245) und eine befriedigendere Speise als diese gab es nicht.

Wir sind aufgefordert zu prüfen, was der Wille Gottes für uns ist (Röm 12,2) (243) und wir können nur herausfinden, ob der

Wille Gottes gut, wohlgefällig und vollkommen ist, indem wir uns ihm hingeben.

Es gibt Momente, in denen es schwierig ist, den Willen Gottes festzustellen, selbst wenn wir nahe bei Gott leben. Abraham stand vor diesem Problem, als er und Lot sich trennen mussten. Sollte er das Land zur Rechten oder zur Linken nehmen? Es machte keinen Unterschied; Gott hatte es ihm schon gegeben. Manchmal ist es fast unwesentlich, welche Wahl wir treffen.

Gott hat jedoch größeres Interesse an etwas anderem – woran?

(1 Thes 4,3) (246) ____

____

Wir sollten nicht sofort annehmen, dass wir den Willen Gottes verlassen haben, wenn wir uns einmal in verwirrenden oder unangenehmen Situationen befinden. Gott zog sich einmal absichtlich von Hiskia zurück, „um ihn zu prüfen, damit er alles erkannte, was in seinem Herzen war" (2 Chr 32,31) (247). Paulus und Silas wurden geschlagen und ins Gefängnis geworfen, weil sie für Gott auftraten, nicht, weil sie ihm nicht gehorcht hätten (Apg 16, 16-40).

Gott möchte nicht, dass wir uns über unsere Umstände beklagen, sondern dass wir ...

(1 Thes 5,18) (248) ____

Es erweckt manchmal den Eindruck, als ignoriere Gott die Sünde der Menschen. Tatsächlich erscheint es fast so, als übersehe er nicht nur ihre Fehler, sondern als segne er sie noch trotz ihres schlechten Handelns. Dies zu sehen frustriert den Christen, der Gott von ganzem Herzen sucht. Zu guter Letzt aber wird niemand mit seiner Sünde einfach so davonkommen. „Irrt euch nicht, Gott lässt sich nicht verspotten! Denn was ein Mensch sät, das wird er auch ernten“ (Gal 6,7).

Es entspricht dem Willen Gottes nicht, es jenen gleichzutun, die Schlechtes vollbringen, sondern ...

(1 Petr 2,15) (249) ______________________________

____

Die Bibel sagt: „Denn Gott ist es, der in euch wirkt sowohl das Wollen als auch das Wirken zu seinem Wohlgefallen“ (Phil 2,13). Wir sind berufen, nicht nur den Willen Gottes von Herzen zu tun (Eph 6,6) (250), sondern auch eingeladen, uns dessen zu erfreuen.

Jesus war mit dem „Freudenöl“ (Hebr 1,9) (251) gesalbt worden. Niemand hätte ein glücklicheres Leben führen können als er. Nun möchte er uns an dieser Erfahrung teilhaben lassen.

Am Ende des Lebens gibt es wohl keine größere Befriedigung, als im Rückblick feststellen zu können: „Ich habe den guten Kampf gekämpft, ich habe den Lauf vollendet, ich habe den Glauben bewahrt; fortan liegt mir bereit der Siegeskranz der Gerechtigkeit, den der Herr, der gerechte Richter, mir als Belohnung geben wird an jenem Tag“ (2 Tim 4,7.8a).

Nimm dir in der kommenden Woche Zeit, Gottes Willen für dein Leben neu zu betrachten. Bitte Gott, dir

a) seinen allgemeinen Plan für dich,

b) deinen Platz in der Gemeinde, für den er dich bestimmt hat,

deutlich zu zeigen.

Wenn du die Antworten bekommen hast, dann schreibe sie hier nieder:

a) ______________________________

____

____

____

____

____

b) ______________________________

____

____

____

____

____

Anhang

Auflistung der einzelnen Bibelstellen

1 1 Petr 2,16 ... als Freie und nicht als solche, die die Freiheit als Deckmantel der Bosheit haben, sondern als Sklaven Gottes.

2 2 Petr 1,3 Da seine göttliche Kraft uns alles zum Leben und zur Gottseligkeit geschenkt hat durch die Erkenntnis dessen, der uns berufen hat durch seine eigene Herrlichkeit und Tugend.

3 Gal 3,2 Nur dies will ich von euch wissen: Habt ihr den Geist aus Gesetzeswerken empfangen oder aus der Kunde des Glaubens?

4 Gal 3,3 Seid ihr so unverständig? Nachdem ihr im Geist angefangen habt, wollt ihr jetzt im Fleisch vollenden?

5 Gal 4,10 Ihr beobachtet Tage und Monate und bestimmte Zeiten und Jahre.

6 Gal 4,21 Sagt mir, die ihr unter Gesetz sein wollt, hört ihr das Gesetz nicht?

7 Gal 1,6 Ich wundere mich, dass ihr euch so schnell von dem, der euch durch die Gnade Christi berufen hat, abwendet zu einem anderen Evangelium.

8 Kol 2,20-23 (20) Wenn ihr mit Christus den Elementen der Welt gestorben seid, was unterwerft ihr euch Satzungen, als lebtet ihr noch in der Welt: (21) Berühre nicht, koste nicht, betaste nicht! (22) – was doch alles zur Vernichtung durch den Gebrauch bestimmt ist – nach den Geboten und Lehren der Menschen?

9 2 Mo 32,28 Die Söhne Levis nun handelten nach dem Wort des Mose; und es fielen vom Volk an jenem Tage etwa dreitausend Mann.

10 Apg 2,41 Die nun sein Wort aufnahmen, ließen sich taufen; und es wurden an jenem Tag etwa dreitausend Seelen hinzu getan.

11 2 Mo 31,18 Und als er auf dem Berg Sinai mit Mose zu Ende geredet hatte, gab er ihm die zwei Tafeln des Zeugnisses, steinerne Tafeln, beschrieben mit dem Finger Gottes.

12 Hebr 8,10 Denn dies ist der Bund, den ich dem Haus Israel errichten werde nach jenen Tagen, spricht der Herr:. Meine Gesetze gebe ich in ihren Sinn und werde sie auch auf ihre Herzen schreiben; und ich werde ihnen Gott und sie werden mir Volk sein.

13 2 Kor 3,9 Denn wenn der Dienst der Verdammnis Herrlichkeit ist, so ist der Dienst der Gerechtigkeit noch viel reicher an Herrlichkeit.

14 Hebr 8,13 Indem er von einem „neuen" Bund spricht, hat er den ersten für veraltet erklärt; was aber veraltet und sich überlebt, ist dem Verschwinden nahe.

15 Joh 2,1-11 (1) Und am dritten Tag war eine Hochzeit zu Kana in Galiläa; und die Mutter Jesu war dort. (2) Es war aber auch Jesus mit seinen Jüngern zu der Hochzeit eingeladen. (3) Und als es an Wein mangelte, spricht die Mutter Jesu zu ihm: Sie haben keinen Wein. (4) Jesus spricht zu ihr: Was habe ich mit *dir* zu schaffen, Frau?

Meine Stunde ist noch nicht gekommen. (5) Seine Mutter spricht zu den Dienern: Was er euch sagen mag, tut! (6) Es waren aber sechs steinerne Wasserkrüge dort aufgestellt nach der Reinigungssitte der Juden, wovon jeder zwei oder drei Maß fasste. (7) Jesus spricht zu ihnen: Füllt die Wasserkrüge mit Wasser! Und sie füllten sie bis oben an. (8) Und er spricht zu ihnen: Schöpft nun und bringt es dem Speisemeister! Und sie brachten es. (9) Als aber der Speisemeister das Wasser gekostet hatte, das Wein geworden war – und er wusste nicht, woher er war, die Diener aber, die das Wasser geschöpft hatten, wussten es – ruft der Speisemeister den Bräutigam (10) und spricht zu ihm: Jeder Mensch setzt zuerst den guten Wein vor, und wenn sie betrunken geworden sind, dann den geringeren; du hast den guten Wein bis jetzt aufbewahrt. (11) Diesen Anfang der Zeichen machte Jesus zu Kana in Galiläa und offenbarte seine Herrlichkeit; und seine Jünger glaubten an ihn.

16 Apg 2,17 Und es wird geschehen in den letzten Tagen, spricht Gott, dass ich von meinem Geist ausgießen werde auf alles Fleisch, und eure Söhne und eure Töchter werden weissagen, und eure jungen Männer werden Gesichte sehen, und eure Ältesten werden Traumgesichte haben.

17 2 Kor 5,17 Daher, wenn jemand in Christus ist, so ist er eine neue Schöpfung; das Alte ist vergangen, siehe, Neues ist geworden.

18 2 Kor 3,2-3 (2) Unser Brief seid ihr, eingeschrieben in unsere Herzen, erkannt und gelesen von allen Menschen; (3) von euch ist offenbar geworden, dass ihr ein Brief Christi seid, ausgefertigt von uns im Dienst, geschrieben nicht mit Tinte, sondern mit dem Geist des lebendigen Gottes, nicht auf steinerne Tafeln, sondern auf Tafeln, die fleischerne Herzen sind.

19 Röm 6,14 Denn die Sünde wird nicht über euch herrschen, denn ihr seid nicht unter Gesetz, sondern unter Gnade.

20 Röm 5,17 Denn wenn durch die Übertretung des einen der Tod durch den einen geherrscht hat, so werden viel mehr die, welche den Überfluss der Gnade und der Gabe der Gerechtigkeit empfangen, im Leben herrschen durch den einen, Jesus Christus.

21 Eph 2,6 Er hat uns mitauferweckt und mitsitzen lassen in der Himmelswelt in Christus Jesus.

22 Eph 1,6 (In ihm sind wir auserwählt, etwas zu sein)... zum Preise der Herrlichkeit seiner Gnade, mit der er uns begnadigt hat in dem Geliebten.

23 Joh 15,15 Ich nenne euch nicht mehr Sklaven, denn der Sklave weiß nicht, was sein Herr tut; euch aber habe ich Freunde genannt, weil ich alles, was ich von meinem Vater gehört, euch kundgetan habe.

24 Mt 23,23 Wehe euch, Schriftgelehrte und Pharisäer, Heuchler! Denn ihr verzehntet die Minze und den Anis und den Kümmel und habt die wichtigeren Dinge des Gesetzes beiseite gelassen: das Recht und die Barmherzigkeit und den Glauben; diese hättet ihr tun und jene nicht lassen sollen.

25 Mt 12,2 Als aber die Pharisäer es sahen, sprachen sie zu ihm: Siehe deine Jünger tun, was am Sabbat zu tun nicht erlaubt ist.

26 Mt 12,10 Und siehe, da war ein Mensch, der eine verdorrte Hand hatte. Und sie fragten ihn und sprachen: Ist es erlaubt, am Sabbat zu heilen?, damit sie ihn anklagen könnten.

27 Mk 10,2 Und es traten Pharisäer zu ihm und fragten ihn, um ihn zu versuchen: Ist es einem Mann erlaubt, seine Frau zu entlassen?

28 Lk 20,22 Ist es uns erlaubt, dem Kaiser Steuer zu geben oder nicht?

29 Joh 5,10 Es sagten nun die Juden zu dem Geheilten: Es ist Sabbat, es ist dir nicht erlaubt, das Bett zu tragen.

30 Röm 7,1-6 (1) Oder wisst ihr nicht, Brüder – denn ich rede zu denen, die Gesetz kennen -, dass das Gesetz über den Menschen herrscht, solange er lebt? (2) Denn die verheiratete Frau ist durchs Gesetz an den Mann gebunden, solange er lebt; wenn aber der Mann gestorben ist, so ist sie losgemacht von dem Gesetz des Mannes. (3) So wird sie nun, während der Mann lebt, eine Ehebrecherin genannt, wenn sie eines anderen Mannes wird; wenn aber der Mann gestorben ist, ist sie frei vom Gesetz, so dass sie keine Ehebrecherin ist, wenn sie eines anderen Mannes wird. (4) So seid auch ihr, meine Brüder, dem Gesetz getötet worden durch den Leib des Christus, um eines anderen zu werden, des aus den Toten Auferweckten, damit wir Gott Frucht bringen. (5) Denn als wir im Fleisch waren, wirkten die Leidenschaften der Sünden, die durch das Gesetz erregt wurden, in unseren Gliedern, um dem Tod Frucht zu bringen. (6) Jetzt aber sind wir von dem Gesetz losgemacht, da wir dem gestorben sind, worin wir festgehalten wurden, so dass wir in dem Neuen des Geistes dienen und nicht in dem Alten des Buchstabens.

31 Mt 5,18 Denn wahrlich, ich sage euch: Bis der Himmel und die Erde vergehen, soll auch nicht *ein* Jota oder *ein* Strichlein von dem Gesetz vergehen, bis alles geschehen ist.

32 1 Tim 1,9.10 (9) ... indem er dies weiß, dass für einen Gerechten das Gesetz nicht bestimmt ist, sondern für Gesetzlose und Widerspenstige, für Gottlose und Sünder, für Heillose und Unheilige, Vatermörder und Muttermörder, Mörder (10) Unzüchtige, Knabenschänder, Menschenhändler, Lügner, Meineidige, und wenn etwas anderes der gesunden Lehre entgegensteht ...

33 Gal 2,19 Denn ich bin durchs Gesetz dem Gesetz gestorben, damit ich Gott lebe; ich bin mit Christus gekreuzigt.

34 Kol 2,21 Berühre nicht, koste nicht, betaste nicht!

35 Kol 2,22.23 (22) (Was unterwerft ihr euch Satzungen, als lebtet ihr noch in der Welt) – was doch alles zur Vernichtung durch den Gebrauch bestimmt ist – nach den Geboten und Lehren der Menschen? (23) Das alles hat zwar einen Anschein von Weisheit, in eigenwilligem Gottesdienst und in Demut und im Nichtverschonen des Leibes – also nicht in einer gewissen Wertschätzung – dient aber zur Befriedigung des Fleisches.

36 Kol 3,1-5 (1) Wenn ihr nun mit dem Christus auferweckt worden seid, so sucht, was droben ist, wo der Christus ist, sitzend zur Rechten Gottes. (2) Sinnt auf das, was droben ist, nicht auf das, was auf der Erde ist! (3) denn ihr seid gestorben, und euer Leben ist verborgen mit dem Christus in Gott. (4) Wenn der Christus, euer Leben, geoffenbart werden wird, dann werdet auch ihr mit ihm geoffenbart werden in Herrlichkeit. (5) Tötet nun eure Glieder, die auf der Erde sind: Unzucht, Unreinheit, Leidenschaft, böse Begierde und Habsucht, die Götzendienst ist!

37 1 Kor 6,19 Oder wisst ihr nicht, dass euer Leib ein Tempel des Heiligen Geistes in euch ist, den ihr von Gott habt, und dass ihr nicht euch selbst gehört?

38 1 Kor 6,20 Denn ihr seid um einen Preis erkauft worden. Verherrlicht nun Gott mit eurem Leib!

39 2 Kor 8,8 Nicht befehlsweise spreche ich, sondern um durch den Eifer anderer auch die Echtheit eurer Liebe zu prüfen.

40 Röm 7,4 So seid auch ihr, meine Brüder, dem Gesetz getötet worden durch den Leib des Christus, um eines anderen zu werden, des aus den Toten Auferweckten, damit wir Gott Frucht bringen.

41 Mt 11,29 Nehmt auf euch mein Joch, und lernt von mir! Denn ich bin santfmütig und von Herzen demütig, und ihr werdet Ruhe finden für eure Seelen;

42 Mt 11,29.30 (29) à 44 (30) denn mein Joch ist sanft und meine Last ist leicht.

43 Gal 3,21 Ist denn das Gesetz gegen die Verheißungen Gottes? Das ist ausgeschlossen. Denn wenn ein Gesetz gegeben worden wäre, das lebendig machen könnte, dann wäre wirklich die Gerechtigkeit aus Gesetz.

44 Röm 7,10 Ich aber starb. Und das Gebot, das zum Leben gegeben, gerade das erwies sich mir zum Tod.

45 Joh 15,5 *Ich* bin der Weinstock, *ihr* seid die Reben. Wer in mir bleibt und ich in ihm, der bringt viel Frucht, denn getrennt von mir könnt ihr nichts tun.

46 1 Mo 1,28 Und Gott segnete sie, und Gott sprach zu ihnen: Seid fruchtbar und vermehrt euch, und füllt die Erde, und macht sie euch untertan; und herrscht über die Fische des Meeres und über die Vögel des Himmels und über alle Tiere, die sich auf der Erde regen!

47 Joh 15,3 *Ihr* seid schon rein um des Wortes willen, das ich zu euch geredet habe.

48 Joh 6,63 Der Geist ist es, der lebendig macht; das Fleisch nützt nichts. Die Worte, die ich zu euch geredet habe, sind Geist und sind Leben.

49 Joh 15,4 Bleibt in mir und ich in euch! Wie die Rebe nicht von sich selbst Frucht bringen kann, sie bleibe denn am Weinstock, so auch *ihr* nicht, ihr bleibt denn in mir.

50 Joh 15,7 Wenn ihr in mir bleibt und meine Worte in euch bleiben, so werdet ihr bitten, was ihr wollt, und es wird euch geschehen.

51 Joh 15,8 Hierin wird mein Vater verherrlicht, dass ihr viel Frucht bringt und meine Jünger werdet.

52 Röm 7,6 Jetzt aber sind wir von dem Gesetz losgemacht, da wir dem gestorben sind, worin wir festgehalten wurden, so dass wir in dem Neuen des Geistes dienen und nicht in dem Alten des Buchstabens.

53 Röm 3,10 ... wie geschrieben steht: Da ist kein Gerechter, auch nicht einer.

54 1 Joh 2,1 Meine Kinder, ich schreibe euch dies, damit ihr nicht sündigt; und wenn jemand sündigt – wir haben einen Beistand bei dem Vater: Jesus Christus, den Gerechten.

55 Sach 3,3 Und Joschua war mit schmutzigen Kleidern bekleidet und stand vor dem Engel.

56 Sach 3,4 (a) Und der Engel antwortete und sprach zu denen, die vor ihm standen: Nehmt ihm die schmutzigen Kleider ab! (b) Und zu ihm sprach er: Siehe, ich habe deine Schuld von dir weggenommen und bekleide dich mit Feierkleidern.

57 Sach 3,2a Und der Herr sprach zum Satan: Der HERR wird dich bedrohen, Satan! Ja, der HERR, der Jerusalem erwählt hat, bedroht dich!

58 1 Petr 2,9 Ihr aber seid ein auserwähltes Geschlecht, ein königliches Priestertum, eine heilige Nation, ein Volk zum Besitztum, damit ihr die Tugenden dessen verkündigt, der

euch aus der Finsternis zu seinem wunderbaren Licht berufen hat.

59 Offb 12,10 Und ich hörte eine laute Stimme im Himmel sagen: Nun ist das Heil und die Kraft und das Reich unseres Gottes und die Macht seines Christus gekommen; denn hin abgeworfen ist der Verkläger unserer Brüder, der sie Tag und Nacht vor unserem Gott verklagte.

60 1 Mo 1,31 Und es geschah so. Und Gott sah alles, was er gemacht hatte, und siehe, es war sehr gut. Und es wurde Abend, und es wurde Morgen: der sechste Tag.

61 Röm 5,12 Darum, wie durch *einen* Menschen die Sünde in die Welt gekommen ist und durch die Sünde der Tod und so der Tod zu allen Menschen durchgedrungen ist, weil sie alle gesündigt haben ...

62 Hebr 2,15 ... und um alle die zu befreien, die durch Todesfurcht das ganze Leben hindurch der Knechtschaft unterworfen waren.

63 Jes 64,5 Wir alle sind wie ein Unreiner geworden und all unsere Gerechtigkeiten wie ein beflecktes Kleid. Wir alle sind verwelkt, wie das Laub welkt, und unsere Sünden trugen uns davon wie der Wind.

64 Joh 3,3 Jesus antwortete und sprach zu ihm: Wahrlich, wahrlich, ich sage dir: Wenn jemand nicht von neuem geboren wird, kann er das Reich Gottes nicht sehen.

65 Röm 5,14 Aber der Tod herrschte von Adam bis auf Mose selbst über die, welche nicht gesündigt hatten in der Gleichheit der Übertretung Adams, der ein Bild des Zukünftigen ist.

66 1 Petr 1,19 ... sondern mit dem kostbaren Blut Christi als eines Lammes ohne Fehler und ohne Flecken.

67 Hebr 4,16 Lasst uns nun mit Freimütigkeit hinzutreten zum Thron der Gnade, damit wir Barmherzigkeit empfangen und Gnade finden zur rechtzeitigen Hilfe!

68 Röm 6,23 Denn der Lohn der Sünde ist der Tod, die Gnadengabe Gottes aber ewiges Leben in Christus Jesus, unserem Herrn.

69 Röm 5,16 Und mit der Gabe ist es nicht so, wie es durch den einen kam, der sündigte. Denn das Urteil führte von einem zur Verdammnis, die Gnadengabe aber von vielen Übertretungen zur Gerechtigkeit.

70 Röm 8,1 Also gibt es jetzt keine Verdammnis für die, die in Christus Jesus sind.

71 5 Mo 6,25 Und es wird unsere Gerechtigkeit sein, wenn wir darauf achten, dieses ganze Gebot vor dem HERRN, unserm Gott, zu tun, so wie er es uns befohlen hat.

72 Phil 3,6 ... dem Eifer nach ein Verfolger der Gemeinde; der Gerechtigkeit nach, die im Gesetz ist, untadelig geworden.

73 Phil 3,9 ... und in ihm gefunden werde – indem ich nicht meine Gerechtigkeit habe, die aus dem Gesetz ist, sondern die durch den Glauben an Christus, die Gerechtigkeit aus Gott aufgrund des Glaubens – ...

74 Röm 3, 21.22 (21) Jetzt aber ist ohne Gesetz Gottes Gerechtigkeit geoffenbart worden, bezeugt durch das Gesetz und die Propheten: (22) Gottes Gerechtigkeit aber durch Glauben an Jesus Christus für alle, die glauben. Denn es ist kein Unterschied ...

75 Röm 4,4 Dem aber, der Werke tut, wird der Lohn nicht angerechnet nach Gnade, sondern nach Schuldigkeit.

76 Röm 5,17 Denn wenn durch die Übertretung des einen der Tod durch den einen geherrscht hat, so werden viel mehr die, welche den Überfluss der Gnade und der Gabe der Gerechtigkeit empfangen, im Leben herrschen durch den einen, Jesus Christus.

77 Röm 4,23.24 (23) Es ist aber nicht allein seinetwegen geschrieben, dass es ihm zugerechnet worden ist, (24) sondern auch unsertwegen, denen es zugerechnet werden soll, die wir an den glauben, der Jesus, unseren Herrn, aus den Toten auf erweckt hat.

78 Hebr 7,25 Daher kann er die auch völlig erretten, die sich durch ihn Gott nahen, weil er immer lebt, um sich für sie zu verwenden.

79 1 Joh 2,1 Meine Kinder, ich schreibe euch dies, damit ihr nicht sündigt; und wenn jemand sündigt – wir haben einen Beistand bei dem Vater: Jesus Christus, den Gerechten.

80 Röm 3,20 Darum: aus Gesetzeswerken wird kein Fleisch vor ihm gerechtfertigt werden; denn durch Gesetz kommt Erkenntnis der Sünde.

81 2 Mo 20,17 Du sollst nicht das Haus deines Nächsten begehren. Du sollst nicht begehren die Frau deines Nächsten, noch seinen Knecht, noch seine Magd, weder sein Rind, noch seinen Esel, noch irgendetwas, was deinem Nächsten gehört.

82 Mt 5,28 Ich aber sage euch, dass jeder, der eine Frau an sieht, sie zu begehren, schon Ehebruch mit ihr begangen hat in seinem Herzen.

83 Röm 7,7 (Gute Nachricht) Folgt daraus, dass das Gesetz auf die Seite der Sünde gehört? Das kann nicht sein! Aber ohne das Gesetz hätten wir Menschen die Macht der Sünde nie kennen gelernt. Die eigensüchtigen Wünsche wären nicht in uns erwacht, wenn das Gesetz nicht gesagt hätte: „Du sollst nicht eigensüchtig sein!“

84 1 Joh 3,4 (a) Jeder, der die Sünde tut, tut auch die Gesetzlosigkeit, (b) und die Sünde ist die Gesetzlosigkeit.

85 Röm 7,8 Die Sünde aber ergriff durch das Gebot die Gelegenheit und bewirkte jede Begierde in mir; denn ohne Gesetz ist die Sünde tot.

86 Röm 7,9 Ich aber lebte einst ohne Gesetz; als aber das Gebot kam, lebte die Sünde auf.

87 Röm 7,10 (Gute Nachricht) Und wir mussten sterben. Die Vorschrift, die uns Leben schenken sollte, brachte uns den Tod.

88 Röm 7,12 So ist also das Gesetz heilig und das Gebot heilig und gerecht und gut.

89 Röm 7,13 Ist nun das Gute mir zum Tod geworden? Das sei ferne! Sondern die Sünde, damit sie als Sünde erschiene, in dem sie durch das Gute mir den Tod bewirkte, damit die Sünde überaus sündig würde durch das Gebot.

90 Röm 9,32 Warum? Weil es nicht aus Glauben, sondern als aus Werken geschah. Sie haben sich gestoßen an dem Stein des Anstoßes.

91 Joh 5,46 Denn wenn ihr Mose glaubtet, so würdet ihr mir glauben, denn er hat von mir geschrieben.

92 Gal 3,18 Denn wenn das Erbe aus dem Gesetz kommt, so kommt es nicht mehr aus der Verheißung; dem Abraham aber hat Gott es durch Verheißung geschenkt.

93 Gal 3,24 Also ist das Gesetz unser Zuchtmeister auf Christus hin geworden, damit wir aus Glauben gerechtfertigt würden.

94 Röm 7,14-25 (14) Denn wir wissen, dass das Gesetz geistlich ist, ich aber bin fleischlich, unter die Sünde verkauft; (15) denn was ich vollbringe, erkenne ich nicht, denn nicht, was ich will, das tue ich, sondern was ich hasse, das übe ich aus. (16) Wenn ich aber das, was ich nicht will, ausübe, so stimme ich dem Gesetz bei, dass es gut ist. (17) Nun aber vollbringe nicht mehr ich es, sondern die in mir wohnende Sünde. (18) Denn ich weiß, dass in mir, das ist in meinem Fleisch, nichts Gutes wohnt; denn das Wollen ist bei mir vorhanden, aber das Vollbringen des Guten nicht. (19) Denn das Gute, das ich will, übe ich nicht aus, sondern das Böse, das ich nicht will, das tue ich. (20) Wenn ich aber das, was ich nicht will, ausübe, so vollbringe nicht mehr ich es, sondern die in mir wohnende Sünde. (21) Ich finde also das Gesetz, dass bei mir, der ich das Gute tun will, nur das Böse vorhanden ist. (22) Denn ich habe nach dem inneren Menschen Wohlgefallen am Gesetz Gottes. (23) Aber ich sehe ein anderes Gesetz in meinen Gliedern, das dem Gesetz meines Sinnes widerstreitet und mich in Gefangenschaft bringt unter das Gesetz der Sünde, das in meinen Gliedern ist. (24) Ich elender Mensch! Wer wird mich retten von diesem Leibe des Todes? (25) Ich danke Gott durch Jesus Christus, unseren Herrn! Also diene ich nun selbst mit dem Sinn dem Gesetz Gottes, mit dem Fleisch aber dem Gesetz der Sünde.

95 Röm 8,7 ... weil die Gesinnung des Fleisches Feindschaft gegen Gott ist, denn sie ist dem Gesetz Gottes nicht untertan, denn sie kann das auch nicht.

96 Röm 6,2.7.12.18 (2) Das sei ferne! Wir, die wir der Sünde gestorben sind, wie werden wir noch in ihr leben? (7) Denn

wer gestorben ist, ist freigesprochen von der Sünde. (12) So herrsche nun nicht die Sünde in eurem sterblichen Leib, dass er seinen Begierden gehorche. (18) Frei gemacht aber von der Sünde, seid ihr Sklaven der Gerechtigkeit geworden.

97 1 Kor 6,12 Alles ist mir erlaubt, aber nicht alles ist nützlich. Alles ist mir erlaubt, aber ich will mich von nichts beherrschen lassen.

98 1 Joh 3,6 Jeder, der in ihm bleibt, sündigt nicht; jeder, der sündigt, hat ihn nicht gesehen, noch ihn erkannt.

99 1 Joh 3,9 Jeder, der aus Gott geboren ist, tut nicht Sünde, denn sein Same bleibt in ihm; und er kann nicht sündigen, weil er aus Gott geboren ist.

100 1 Joh 5,4 Denn alles, was aus Gott geboren ist, überwindet die Welt; und dies ist der Sieg, der die Welt überwunden hat: unser Glaube.

101 1 Joh 1,9 Wenn wir unsere Sünden bekennen, ist er treu und gerecht, dass er uns die Sünden vergibt und uns reinigt von jederUngerechtigkeit.
1 Joh 2,1 Meine Kinder, ich schreibe euch dies, damit ihr nicht sündigt; und wenn jemand sündigt – wir haben eine Beistand bei dem Vater: Jesus Christus, den Gerechten.

102 Joh 8,34 Jesus antwortete ihnen: Wahrlich, wahrlich, ich sage euch: Jeder, der die Sünde tut, ist der Sünde Sklave.

103 Joh 8,36 Wenn nun der Sohn euch frei machen wird, so werdet ihr wirklich frei sein.

104 2 Kor 3,18 Wir alle aber schauen mit aufgedecktem Angesicht die Herrlichkeit des Herrn an und werden so verwandelt in dasselbe Bild von Herrlichkeit zu Herrlichkeit, wie es vom Herrn, dem Geist, geschieht.

105 Joh 10,10 Der Dieb kommt nur, um zu stehlen und zu schlachten und zu verderben. Ich bin gekommen, damit sie Leben haben und es in Überfluss haben.

106 Röm 7,5 Denn als wir im Fleisch waren, wirkten die Leidenschaften der Sünden, die durch das Gesetz erregt wurden, in unseren Gliedern, um dem Tod Frucht zu bringen.

Röm 7,13 Ist nun das Gute mir zum Tod geworden? Das sei ferne! Sondern die Sünde, damit sie als Sünde erschiene, in dem sie durch das Gute mir den Tod bewirkte, damit die Sünde überaus sündig würde durch das Gebot.

107 Röm 6,2 Das sei ferne! Wir, die wir der Sünde gestorben sind, wie werden wir noch in ihr leben?

108 2 Mo 14,28 So kehrten die Wasser zurück und bedeckten die Wagen und Reiter der ganzen Heeresmacht des Pharao, die ihnen ins Meer nachgekommen waren; es blieb auch nicht *einer* von ihnen übrig.

109 Röm 6,3 Oder wisst ihr nicht, dass wir, so viele auf Christus Jesus getauft wurden, auf seinen Tod getauft worden sind?

110 Röm 6,6 ... da wir dies erkennen, dass unser alter Mensch mitgekreuzigt worden ist, damit der Leib der Sünde abgetan sei, dass wir der Sünde nicht mehr dienen.

Gal 2,20 und nicht mehr lebe ich, sondern Christus lebt in mir; was ich aber jetzt im Fleisch lebe, lebe ich im Glauben, und zwar im Glauben an den Sohn Gottes, der mich geliebt und sich selbst für mich hingegeben hat.

111 Röm 6,5 Denn wenn wir verwachsen sind mit der Gleichheit seines Todes, so werden wir es auch mit der (seiner) Auferstehung sein.

112 Röm 6,7 Denn wer gestorben ist, ist freigesprochen von der Sünde.

113 Joh 8,11 Sie aber sprach: Niemand, Herr. Jesus aber sprach zu ihr: Auch ich verurteile dich nicht. Geh hin und sündige von jetzt an nicht mehr.

114 1 Mo 17,5 Und nicht mehr soll dein Name Abram heißen, sondern Abraham soll dein Name sein! Denn zum Vater einer Menge von Nationen habe ich dich gemacht.

115 Röm 4,20.21 (20) ... und zweifelte nicht durch Unglauben an der Verheißung Gottes, sondern wurde gestärkt im Glauben, weil er Gott die Ehre gab. (21) Und er war der vollen Gewissheit, dass er, was er verheißen habe, auch zu tun vermöge.

116 Röm 6,11 So auch ihr: Haltet euch der Sünde für tot, Gott aber lebend in Christus Jesus!

117 1 Joh 5,4 Denn alles, was aus Gott geboren ist, überwindet die Welt; und dies ist der Sieg, der die Welt überwunden hat: unser Glaube.

118 Hebr 10,5 Darum spricht er, als er in die Welt kommt: „Schlachtopfer und Opfergabe hast du nicht gewollt, einen Leib aber hast du mir bereitet..."

119 1 Petr 2,24 ... der unsere Sünden an seinem Leib selbst an das Holz hinaufgetragen hat, damit wir, den Sünden abgestorben, der Gerechtigkeit leben; durch dessen Striemen ihr geheilt worden seid.

120 Joh 3,16 Denn so hat Gott die Welt geliebt, dass er seinen eingeborenen Sohn gab, damit jeder, der an ihn glaubt, nicht verloren geht, sondern ewiges Leben hat.

121 1 Kor 6,19.20 (19) Oder wisst ihr nicht, dass euer Leib ein Tempel des Heiligen Geistes in euch ist, den ihr von Gott habt, und dass ihr nicht euch selbst gehört? (20) Denn ihr seid um einen Preis erkauft worden. Verherrlicht nun Gott mit eurem Leib!

122 Röm 6,12 So herrsche nun nicht die Sünde in eurem sterblichen Leib, dass er seinen Begierden gehorche.

123 Röm 8,23 Nicht allein aber sie (die Schöpfung), sondern auch wir selbst, die wir die Erstlingsgabe des Geistes haben, auch wir selbst seufzen in uns selbst und erwarten die Sohnschaft: die Erlösung unseres Leibes.

Phil 3,21... der unseren Leib der Niedrigkeit umgestalten wird zur Gleichgestalt mit seinem Leib der Herrlichkeit, nach der wirksamen Kraft, mit der er vermag, auch alle Dinge sich zu unterwerfen.

124 2 Petr 1,4 ... durch die er uns die kostbaren und größten Verheißungen geschenkt hat, damit ihr durch sie Teilhaber der göttlichen Natur werdet, die ihr dem Verderben, das durch die Begierde in der Welt ist, entflohen seid.

125 Röm 6,13 Stellt auch nicht eure Glieder der Sünde zur Verfügung als Werkzeuge der Ungerechtigkeit, sondern stellt euch selbst Gott zur Verfügung als Lebende aus den Toten und eure Glieder Gott zu Werkzeugen der Gerechtigkeit!

126 Eph 4,25-5,4 (4,25) Deshalb legt die Lüge ab und redet Wahrheit, ein jeder mit seinem Nächsten! Denn wir sind untereinander Glieder. (26) Zürnet, und sündigt dabei nicht! Die Sonne gehe nicht unter über eurem Zorn, (27) und gebt dem Teufel keinen Raum! (28) Wer gestohlen hat, stehle nicht mehr, sondern mühe sich vielmehr und wirke mit seinen Händen das Gute, damit er dem Bedürftigen etwas mitzugeben habe! (29) Kein faules Wort komme aus eurem Mund, sondern nur eins, das gut ist zur notwendigen Erbauung, damit es den Hörenden Gnade gebe. (30) Und betrübt nicht den Heiligen Geist Gottes, mit dem ihr versiegelt worden seid auf den Tag der Erlösung hin! (31) Alle Bitterkeit und Wut und Zorn und Geschrei und Lästerung sei von euch weg getan, samt aller Bosheit! (32) Seid aber zueinander gütig, mitleidig und vergebt einander, so wie auch Gott in Christus euch vergeben hat! (5,1) Seid nun Nachahmer Gottes als geliebte Kinder. (2) Und wandelt in Liebe, wie auch der Christus uns geliebt und sich selbst für uns hingegeben hat als Opfergabe und Schlachtopfer, Gott zu einem duftenden Wohlgeruch! (3) Unzucht aber und alle Unreinheit oder Habsucht sollen nicht einmal unter euch genannt werden, wie es Heiligen geziemt; (4) auch Unanständigkeit und albernes Geschwätz und Witzelei, die sich nicht geziemen, stattdessen aber Danksagung.

Kol 3,8-9 (8) Jetzt aber legt auch ihr das alles ab: Zorn, Wut, Bosheit, Lästerung, schändliches Reden aus eurem Mund. (9) Belügt einander nicht, da ihr den alten Menschen mit seinen Handlungen ausgezogen habt.

127 Luk 17,1 Er sprach aber zu seinen Jüngern: Es ist unmöglich, dass nicht Verführungen kommen. Wehe aber dem, durch den sie kommen!

128 Hebr 4,15 Denn wir haben nicht einen Hohenpriester, der nicht Mitleid haben könnte mit unseren Schwachheiten, sondern der in allem in gleicher Weise wie wir versucht worden ist, doch ohne Sünde.

129 1 Kor 10,13 Keine Versuchung hat euch ergriffen als nur eine menschliche; Gott aber ist treu, der nicht zulassen wird, dass ihr über euer Vermögen versucht werdet, sondern mit der Versuchung auch den Ausgang schaffen wird, so dass ihr sie ertragen könnt.

130 1 Kor 9,27 ... sondern ich zerschlage meinen Leib und knechte ihn, damit ich nicht, nachdem ich anderen gepredigt, selbst verwerflich werde.

131 Röm 6,17 Gott aber sei Dank, dass ihr Sklaven der Sünde wart, aber von Herzen gehorsam geworden seid dem Bild der Lehre, dem ihr übergeben worden seid!

132 Röm 6,18 Frei gemacht aber von der Sünde, seid ihr Sklaven der Gerechtigkeit geworden.

133 1 Joh 1,6 Wenn wir sagen, dass wir Gemeinschaft mit ihm haben, und wandeln in der Finsternis, lügen wir und tun nicht die Wahrheit.

134 1 Joh 2,4 Wer sagt: Ich habe ihn erkannt und hält seine Gebote nicht, ist ein Lügner, und in dem ist nicht die Wahrheit.

135 Röm 6,14 Denn die Sünde wird nicht über euch herrschen, denn ihr seid nicht unter Gesetz, sondern unter Gnade.

136 1 Joh 2,1 Meine Kinder, ich schreibe euch dies, damit ihr nicht sündigt; und wenn jemand sündigt – wir haben einen Beistand bei dem Vater: Jesus Christus, den Gerechten.

137 Röm 6,13 Stellt auch nicht eure Glieder der Sünde zur Verfügung als Werkzeuge der Ungerechtigkeit, sondern stellt euch selbst Gott zur Verfügung als Lebende aus den Toten und eure Glieder Gott zu Werkzeugen der Gerechtigkeit!

138 Eph 4,25-54 à 133

Kol 3,12-17 (12) Zieht nun an als Auserwählte Gottes, als Heilige und Geliebte: herzliches Erbarmen, Güte, Demut, Milde, Langmut! (13) Ertragt einander und vergebt euch gegenseitig, wenn einer Klage gegen den anderen hat; wie auch der Herr euch vergeben hat, so auch ihr! (14) Zu diesem allen aber zieht die Liebe an, die das Band der Vollkommenheit ist! (15) Und der Friede des Christus regiere in euren Herzen, zu dem ihr auch berufen worden seid in *einem* Leib! Und seid dankbar. (16) Das Wort des Christus wohne reichlich in euch; in aller Weisheit lehrt und ermahnt euch gegenseitig! Mit Psalmen, Lobliedern und geistlichen Liedern singt Gott in euren Herzen in Gnade! (17) Und alles, was ihr tut, im Wort oder im Werk, alles tut im Namen des Herrn Jesus, und sagt Gott, dem Vater, Dank durch ihn!

139 Mal 1,6-14 (6) Ein Sohn ehrt den Vater und ein Knecht seinen Herrn. Wenn ich nun Vater bin, wo ist meine Ehre? Und wenn ich Herr bin, wo ist meine Furcht? Spricht der HERR der Heerscharen zu euch, ihr Priester, die ihr meinen Namen verachtet. Doch ihr sagt: „Womit haben wir deinen Namen verachtet?“ (7) Ihr, die ihr unreine Speise auf meinem Altar darbringt. Doch ihr sagt: „Womit haben wir dich unrein gemacht?“ Indem ihr sagt: Der Tisch des HERRN, den kann man verachten. (8) Auch wenn ihr Blindes darbringt, um es als Opfer zu schlachten, ist es für euch nichts Böses; und wenn ihr Lahmes und Krankes darbringt, ist es für euch nichts Böses. Bring es doch deinem Statthalter! Wird er Gefallen an dir haben oder dein Angesicht erheben?, spricht der HERR der Heerscharen. (9) Und nun, besänftigt doch Gott, dass er uns gnädig sei! Wenn so etwas von eurer Hand geschieht, wird er da euretwegen das Angesicht erheben?, spricht der HERR der Heerscharen. (10) Wäre doch nur einer unter euch, der die beiden Torflügel zuschlösse, damit ihr nicht umsonst auf meinem Altar Feuer anzündet! Ich habe kein Gefallen an euch, spricht der HERR der Heerscharen, und an einer Opfergabe aus eurer Hand habe ich kein Wohlgefallen. (11) Denn vom Aufgang der Sonne bis zu ihrem

Untergang ist mein Name groß unter den Nationen. Und an allerlei Orten lässt man Opferrauch aufsteigen und bringt meinem Namen Gaben dar, und zwar reine Opfergaben. Denn mein Name ist groß unter den Nationen, spricht der HERR der Heerscharen. (12) Ihr aber seid es, die ihn entweihen, indem ihr sagt: Der Tisch des Herrn, der kann unrein gemacht werden, und die Gabe für ihn, seine Speise, kann verächtlich behandelt werden. (13) Und ihr sagt: Siehe, welche Mühsal! Und ihr missachtet ihn, spricht der HERR der Heerscharen, und bringt Geraubtes herbei und das Lahme und Kranke; so bringt ihr die Opfergabe. Soll ich Gefallen haben an dem, was von eurer Hand kommt?, spricht der HERR. (14) Aber verflucht sei, wer betrügt: Da gibt es in seiner Herde ein männliches Tier, und er gelobt es, schlachtet aber dann für den Herrn ein verdorbenes! – Denn ein großer König bin ich, spricht der HERR der Heerscharen, und mein Name ist gefürchtet unter den Nationen.

140 Hebr 12,5 ... und habt die Ermahnung vergessen, die zu euch als zu Söhnen spricht: „Mein Sohn, schätze nicht gering des Herrn Züchtigung, und ermatte nicht, wenn du von ihm gestraft wirst!“

141 Gal 5,16 Ich sage aber: Wandelt im Geist, und ihr werdet die Begierde des Fleisches nicht erfüllen.

142 Mk 1,35 Und frühmorgens, als es noch sehr dunkel war, stand er auf und ging hinaus und ging fort an einen einsamen Ort und betete dort.

143 Gal 5,1 Für die Freiheit hat Christus uns freigemacht. Steht nun fest und lasst euch nicht wieder durch ein Joch der Sklaverei belasten!

144 2 Tim 2,4-6 (4) Niemand, der Kriegsdienste leistet, verwickelt sich in die Beschäftigungen des Lebens, damit er dem gefalle, der ihn angeworben hat. (5) Wenn aber auch jemand am Wettkampf teilnimmt, so erhält er nicht den Siegeskranz, er habe denn gesetzmäßig gekämpft. (6) Der Ackerbauer, der sich müht, muss als erster an den Früchten Anteil haben.

145 Tit 2,11.12 (11) Denn die Gnade Gottes ist erschienen, heilbringend allen Menschen, (12) und unterweist uns, damit wir die Gottlosigkeit und die weltlichen Begierden verleugnen und besonnen und gerecht und gottesfürchtig leben in dem jetzigen Zeitlauf.

146 Phil 3,5.6 (5) Beschnitten am achten Tag vom Geschlecht Israel, vom Stamm Benjamin, Hebräer von Hebräern; dem Gesetz nach ein Pharisäer; (6) dem Eifer nach ein Verfolger der Gemeinde, der Gerechtigkeit nach, die im Gesetz ist, untadelig geworden.

147 1 Kor 15,10 Aber durch Gottes Gnade bin ich, was ich bin; und seine Gnade mir gegenüber ist nicht vergeblich gewesen,sondern ich habe viel mehr gearbeitet als sie alle; nicht aber ich, sondern die Gnade Gottes, die mit mir ist.

148 2 Petr 3,17.18 (17) Da ihr, Geliebte, es nun vorher wisst, so hütet euch, dass ihr nicht durch den Irrwahn der Ruchlosen mitfortgerissen werdet und aus eurer eigenen Festigkeit fallt! (18) Wachset aber in der Gnade und Erkenntnis unseres Herrn und Heilandes Jesus Christus! Ihm sei die Herrlichkeit, sowohl jetzt als auch bis zum Tag der Ewigkeit! Amen.

149 1 Joh 5,19 Wir wissen, dass wir aus Gott sind, und die ganze Welt liegt in dem Bösen.

150 1 Joh 2,15 Liebt nicht die Welt, noch was in der Welt ist! Wenn jemand die Welt liebt, ist die Liebe des Vaters nicht in ihm.

151 Jak 4,4 Ihr Ehebrecherinnen, wisst ihr nicht, dass die Freundschaft der Welt Feindschaft gegen Gott ist? Wer nun ein Freund der Welt sein will, erweist sich als Feind Gottes.

152 Joh 17,14 Ich habe ihnen dein Wort gegeben, und die Welt hat sie gehasst, weil sie nicht von der Welt sind, wie ich nicht von der Welt bin.

153 Joh 17,15 Ich bitte nicht, dass du sie aus der Welt wegnimmst, sondern dass du sie bewahrst vor dem Bösen.

154 Luk 17,26-29 (26) Und wie es in den Tagen Noahs geschah, so wird es auch sein in den Tagen des Sohnes des Menschen: (27) sie aßen, sie tranken, sie heirateten, sie wurden verheiratet bis zu dem Tag, da Noah in die Arche ging und die Flut kam und alle umbrachte. (28) Ebenso auch, wie es geschah in den Tagen Lots: sie aßen, sie tranken, sie kauften, sie verkauften, sie pflanzten, sie bauten; (29) an dem Tag aber, da Lot von Sodom hinausging, regnete es Feuer und Schwefel vom Himmel und brachte alle um.

155 Mt 26,15 und (Judas Iskariot) sprach: Was wollt ihr mir geben, und ich werde ihn euch überliefern? Sie aber setzten ihm dreißig Silberlinge fest.

156 Pred 10,19 Um zu lachen, bereitet man ein Mahl, und Wein erheitert das Leben, und das Geld gewährt das alles.

157 Mt 6,24 Niemand kann zwei Herren dienen; denn entweder wird er den einen hassen und den anderen lieben, oder er wird einem anhängen und den anderen verachten. Ihr könnt nicht Gott dienen und dem Mammon.

158 1 Tim 6,10 Denn eine Wurzel alles Bösen ist die Geldliebe, nach der einige getrachtet haben und von dem Glauben abgeirrt sind und sich selbst mit vielen Schmerzen durchbohrt haben.

159 1 Kor 3,18 Niemand betrüge sich selbst! Wenn jemand unter euch meint, weise zu sein in dieser Welt, so werde er töricht, damit er weise werde.

160 1 Mo 3,6 Und die Frau sah, dass der Baum gut zur Speise und dass er eine Lust für die Augen und dass der Baum begehrenswert war, Einsicht zu geben; und sie nahm von seiner Frucht und aß, und sie gab auch ihrem Mann bei ihr, und er aß.

161 1 Kor 1,18 Denn das Wort vom Kreuz ist denen, die verloren gehen, Torheit; uns aber, die wir errettet werden, ist es Gottes Kraft.

162 1 Kor 15,14 Wenn aber Christus nicht auferweckt ist, so ist also auch unsere Predigt inhaltslos, inhaltslos aber auch euer Glaube.

163 1 Kor 1,21 Denn weil in der Weisheit Gottes die Welt durch die Weisheit Gott nicht erkannte, hat es Gott wohlgefallen, durch die Torheit der Predigt die Glaubenden zu erretten.

164 Eph 5, 22-24 (Ordnet euch einander unter in der Furcht Christi,) (22) die Frauen den eigenen Männern als dem Herrn! (23) Denn der Mann ist das Haupt der Frau, wie auch der Christus das Haupt der Gemeinde ist, *er* als der Heiland des Leibes. (24) Wie aber die Gemeinde sich dem Christus unterordnet, so auch die Frauen den Männern in allem.

165 Lk 6,38 Gebt, und es wird euch gegeben werden: ein gutes, gedrücktes und gerütteltes und überlaufendes Maß wird man in euren Schoß geben; denn mit demselben Maß, mit dem ihr messt, wird euch wieder gemessen werden.

166 Lk 6,27.28 (27) Aber euch, die ihr hört, sage ich: Liebt eure Feinde, tut wohl denen, die euch hassen; (28) segnet, die euch fluchen; betet für die, die euch beleidigen.

167 Mt 18,4 Darum, wenn jemand sich selbst erniedrigen wird wie dieses Kind, der ist der Größte im Reich der Himmel.

168 2 Kor 1,12 Denn unser Rühmen ist dies: das Zeugnis unseres Gewissens, dass wir in Einfalt und Lauterkeit Gottes, nicht in fleischlicher Weisheit, sondern in der Gnade Gottes gewandelt sind in der Welt, besonders aber bei euch.

169 Kol 2,20-23 (20) Wenn ihr mit Christus den Elementen der Welt gestorben seid, was unterwerft ihr euch Satzungen, als lebtet ihr noch in der Welt: (21) Berühre nicht, koste nicht, betaste nicht! (22) – was doch alles zur Vernichtung durch den Gebrauch bestimmt ist – nach den Geboten und Lehren der Menschen? (23) Das alles hat zwar einen Anschein von Weisheit, in eigenwilligem Gottesdienst und in Demut und im Nichtverschonen des Leibes – also nicht in einer gewissen Wertschätzung –, dient aber zur Befriedigung des Fleisches.

170 Gal 4,9-11 (9) Jetzt aber habt ihr Gott erkannt – vielmehr ihr seid von Gott erkannt worden. Wie wendet ihr euch wieder zu den schwachen und armseligen Elementen zurück, denen ihr wieder von neuem dienen wollt? (10) Ihr beobachtet Tage und Monate und bestimmte Zeiten und Jahre. (11) Ich fürchte um euch, ob ich nicht etwa vergeblich an euch gearbeitet habe.

171 Lk 1,14-17 (14) Und er wird dir zur Freude und zum Jubel sein, und viele werden sich über seine Geburt freuen. (15) Denn er wird groß sein vor dem Herrn, weder Wein noch starkes Getränk wird er trinken und schon von Mutterleibe an mit Heiligem Geist erfüllt werden. (16) Und viele der Söhne Israels wird er zu dem Herrn, ihrem Gott, bekehren. (17) Und er wird vor ihm hergehen in dem Geist und der Kraft des Elia, um der Väter Herzen zu bekehren zu den

Kindern und Ungehorsame zur Gesinnung von Gerechten, um dem Herrn ein zugerüstetes Volk zu bereiten.

172 Mt 11,2.3 (2) Als aber Johannes im Gefängnis die Werke des Christus hörte, sandte er durch seine Jünger (3) und ließ ihm sagen: Bist du der Kommende, oder sollen wir auf einen anderen warten?

173 Mt 1,23 Siehe, die Jungfrau wird schwanger sein und einen Sohn gebären, und sie werden seinen Namen Emmanuel nennen, was übersetzt ist: Gott mit uns.

174 Mt 5,14-16 (14) Ihr seid das Licht der Welt; eine Stadt die oben auf einem Berg liegt, kann nicht verborgen sein. (15) Man zündet auch nicht eine Lampe an und setzt sie unter den Scheffel, sondern auf das Lampengestell, und sie leuchtet allen, die im Hause sind. (16) So soll euer Licht leuchten vor den Menschen, damit sie eure guten Werke sehen und euren Vater, der in den Himmeln ist, verherrlichen.

175 Joh 12,25 Wer sein Leben liebt, verliert es; und wer sein Leben in dieser Welt hasst, wird es zum ewigen Leben bewahren.

176 Gal 6,14 Mir aber sei es fern, mich zu rühmen als nur des Kreuzes unseres Herrn Jesus Christus, durch das mir die Welt gekreuzigt ist und ich der Welt.

177 1 Sam 16,7 Aber der HERR sprach zu Samuel: Sieh nicht auf sein Aussehen und auf seinen hohen Wuchs! Denn ich habe ihn verworfen. Denn der Herr sieht nicht auf das, worauf der Mensch sieht. Denn der Mensch sieht auf das, was vor Augen ist, aber der HERR sieht auf das Herz.

178 Joh 14,6 Jesus spricht zu ihm: Ich bin der Weg und die Wahrheit und das Leben. Niemand kommt zum Vater als nur durch mich.

179 Joh 17,17 Heilige sie durch die Wahrheit! Dein Wort ist Wahrheit.

180 Mt 5,3-10 (3) Glückselig die Armen im Geist, denn *ihrer* ist das Reich der Himmel. (4) Glückselig die Trauernden, denn *sie* werden getröstet werden. (5) Glückselig die Sanftmütigen, denn *sie* werden das Land erben. (6) Glückselig, die nach der Gerechtigkeit hungern und dürsten, denn *sie* werden gesättigt werden. (7) Glückselig die Barmherzigen, denn *ihnen* wird Barmherzigkeit widerfahren. (8) Glückselig, die reinen Herzens sind, denn *sie* werden Gott schauen. (9) Glückselig die Friedensstifter, denn *sie* werden Söhne Gottes heißen. (10) Glückselig die um Gerechtigkeit willen Verfolgten, denn *ihrer* ist das Reich der Himmel.

181 1 Tim 4,4 Denn jedes Geschöpf Gottes ist gut und nichts verwerflich, wenn es mit Danksagung genommen wird.

182 Kol 3,15 Und der Friede des Christus regiere in euren Herzen, zu dem ihr auch berufen worden seid in *einem* Leib. Und seid dankbar!

183 Pred 3,1-8 (1) Für alles gibt es eine bestimmte Stunde. Und für jedes Vorhaben unter dem Himmel gibt es eine Zeit: (2) Zeit fürs Gebären und Zeit fürs Sterben, Zeit fürs Pflanzen und Zeit fürs Ausreißen des Gepflanzten, (3) Zeit fürs Töten und Zeit fürs Heilen, Zeit fürs Abbrechen und Zeit fürs Bauen, (4) Zeit fürs Weinen und Zeit fürs Lachen, Zeit fürs Klagen und Zeit fürs Tanzen, (5) Zeit fürs Steinewerfen und Zeit fürs Steinesammeln, Zeit fürs Umarmen und Zeit fürs sich Fernhalten vom Umarmen, (6) Zeit fürs Suchen und Zeit fürs Verlieren, Zeit fürs Aufbewahren und Zeit fürs Wegwerfen, (7) Zeit fürs Zerreißen und Zeit fürs Zusammennähen, Zeit fürs Schweigen und Zeit fürs Reden, (8) Zeit fürs Lieben und Zeit fürs Hassen, Zeit für Krieg und Zeit für Frieden.

184 Röm 13,12 Die Nacht ist weit vorgerückt, und der Tag ist nahe. Lasst uns nun die Werke der Finsternis ablegen und die Waffen des Lichts anziehen.

185 1 Petr 2,9 Ihr aber seid ein auserwähltes Geschlecht, ein königliches Priestertum, eine heilige Nation, ein Volk zum Besitztum, damit ihr die Tugenden dessen verkündigt, der euch aus der Finsternis zu seinem wunderbaren Licht berufen hat.

186 Röm 13,13 Lasst uns anständig wandeln wie am Tag; nicht in Schwelgereien und Trinkgelagen, nicht in Unzucht und Ausschweifungen, nicht in Streit und Eifersucht;

187 Röm 13,14 sondern zieht den Herrn Jesus Christus an, und treibt nicht Vorsorge für das Fleisch, dass Begierden wach werden!

188 Kol 3,12-17 (12) Zieht nun an als Auserwählte Gottes, als Heilige und Geliebte: herzliches Erbarmen, Güte, Demut, Milde, Langmut! (13) Ertragt einander und vergebt euch gegenseitig, wenn einer Klage gegen den anderen hat; wie auch der Herr euch vergeben hat, so auch ihr! (14) Zu diesem allen aber zieht die Liebe an, die das Band der Vollkommen heit ist! (15) Und der Friede des Christus regiere in euren Herzen, zu dem ihr auch berufen worden seid in *einem* Leib! Und seid dankbar! (16) Das Wort des Christus wohne reichlich in euch; in aller Weisheit lehrt und ermahnt euch gegenseitig! Mit Psalmen, Lobliedern und geistlichen Liedern singt Gott in euren Herzen in Gnade! (17) Und alles, was ihr tut, im Wort oder im Werk, alles tut im Namen des Herrn Jesus, und sagt Gott, dem Vater, Dank durch ihn!

189 Tit 2,12 und (die Gnade Gottes) unterweist uns, damit wir die Gottlosigkeit und die weltlichen Begierden verleugnen und besonnen und gerecht und gottesfürchtig leben in dem jetzigen Zeitlauf.

190 2 Mo 34,29 Es geschah aber, als Mose vom Berg Sinai herabstieg – und die beiden Tafeln des Zeugnisses waren in Moses Hand, als er vom Berg herabstieg –, da wusste Mose nicht, dass die Haut seines Gesichtes strahlend geworden war, als er mit ihm geredet hatte.

191 Mt 17,2 Und er wurde vor ihnen umgestaltet. Und sein Angesicht leuchtete wie die Sonne, seine Kleider aber wurden weiß wie das Licht.

192 Röm 12,2 Und seid nicht gleichförmig dieser Welt, sondern werdet verwandelt durch die Erneuerung des Sinnes, dass ihr prüfen mögt, was der Wille Gottes ist: das Gute und Wohlgefällige und Vollkommene.

193 2 Kor 10,5b ... und nehmen jeden Gedanken gefangen unter den Gehorsam Christi.

194 2 Kor 4,4 (Unser Evangelium ist verdeckt) den Ungläubigen, bei denen der Gott dieser Welt den Sinn verblendet hat, damit sie den Lichtglanz des Evangeliums von der Herrlichkeit des Christus, der Gottes Bild ist, nicht sehen.

195 2 Kor 3,14 Aber ihr Sinn ist verstockt worden, denn bis auf den heutigen Tag bleibt dieselbe Decke auf der Verlesung des Alten Testaments und wird nicht aufgedeckt, weil sie nur in Christus beseitigt wird.

196 Kol 1,21 Und euch, die ihr einst entfremdet und Feinde wart nach der Gesinnung in den bösen Werken ...

197 Joh 4,41 Und noch viel mehr Leute glaubten um seines Wortes willen.

198 Mt 11,25.26 (25) Zu jener Zeit begann Jesus und sprach: Ich preise dich, Vater, Herr des Himmels und der Erde, dass du dies vor Weisen und Verständigen verborgen und es Unmündigen geoffenbart hast. (26) Ja, Vater, denn so war es wohlgefällig vor dir.

199 Eph 1,17.18 (17) ... dass der Gott unseres Herrn Jesus Christus, der Vater der Herrlichkeit, euch gebe den Geist der Weisheit und Offenbarung in der Erkenntnis seiner selbst. (18) Er erleuchte die Augen eures Herzens, damit ihr wisst, was die Hoffnung seiner Berufung, was der Reichtum der Herr lichkeit seines Erbes in den Heiligen ist.

200 Spr 2,1-5 (1) Mein Sohn, wenn du meine Reden annimmst und meine Gebote bei dir verwahrst, (2) indem du der Weisheit dein Ohr leihst, dein Herz dem Verständnis zuwendest, (3) ja, wenn du den Verstand anrufst, zum Verständnis erhebst deine Stimme, (4) wenn du es suchst wie Silber und wie Schätzen ihm nachspürst, (5) dann wirst du verstehen die Furcht des HERRN und die Erkenntnis Gottes gewinnen.

201 Lk 20,4-8 (4) War die Taufe des Johannes vom Himmel oder von Menschen? (5) Sie aber überlegten miteinander und sprachen: Wenn wir sagen, vom Himmel, so wird er sagen: Warum habt ihr ihm nicht geglaubt? (6) Wenn wir aber sagen: von Menschen, so wird das ganze Volk uns steinigen, denn es ist überzeugt, dass Johannes ein Prophet ist. (7) Und sie antworteten, sie wüssten nicht, woher. (8) Und Jesus sprach zu ihnen: So sage auch ich euch nicht, in welcher Vollmacht ich dies tue.

202 Joh 7,17 Wenn jemand seinen Willen tun will, so wird er von der Lehre wissen, ob sie aus Gott ist oder ob ich aus mir selbst rede.

203 Apg 7,57 Sie schrien aber mit lauter Stimme, hielten ihre Ohren zu und stürzten einmütig auf ihn los.

204 Jak 3,17 Die Weisheit von oben aber ist erstens rein, sodann friedvoll, milde, folgsam, voller Barmherzigkeit und guter Früchte, unparteiisch, ungeheuchelt.

205 Röm 12,3 Denn ich sage durch die Gnade, die mir gegeben wurde, jedem, der unter euch ist, nicht höher von sich zu denken, als zu denken sich gebührt, sondern darauf bedacht zu sein, dass er besonnen sei, wie Gott einem jeden das Maß des Glaubens zugeteilt hat.

206 Phil 2,3 ... nichts aus Eigennutz oder eitler Ruhmsucht tut, sondern dass in der Demut einer den anderen höher achtet als sich selbst.

207 Mt 11,29 Nehmt auf euch mein Joch und lernt von mir! Denn ich bin sanftmütig und von Herzen demütig, und „ihr werdet Ruhe finden für eure Seelen“.

208 2 Sam 16,11 Und David sagte zu Abischai und zu all seinen Knechten: Siehe, mein Sohn, der aus meinem Leib hervorgegangen ist, trachtet mir nach dem Leben; wie viel mehr jetzt dieser Benjaminiter! Lasst ihn, mag er fluchen! Denn der HERR hat es ihm gewiss gesagt.

209 2 Sam 16,12 Vielleicht wird der HERR mein Elend ansehen und der HERR wird mir Gutes zuwenden anstelle seines Fluchs an diesem Tag.

210 2 Sam 19,18-23 (18) Und tausend Mann aus Benjamin waren bei ihm, und Ziba, der Diener des Hauses Sauls, und

seine fünfzehn Söhne und seine zwanzig Knechte mit ihm. Und sie waren, bevor der König kam, durch den Jordan gewatet (19) und versahen den Dienst, das Haus des Königs hinüberzugeleiten und zu tun, was gut war in seinen Augen. Und Schimi, der Sohn des Gera, fiel vor dem König nieder, als der den Jordan überschreiten wollte. (20) Und er sagte zum König: Mein Herr wolle mir die Schuld nicht anrechnen, und du wollest nicht länger daran denken, was dein Knecht verkehrt gemacht hat an dem Tag, als mein Herr, der König, aus Jerusalem auszog, dass der König es zu Herzen nähme! (21) Denn dein Knecht hat erkannt: Ich habe gesündigt. Aber siehe, ich bin heute gekommen, als erster vom ganzen Haus Joseph, um hinabzuziehen, meinem Herrn, dem König, entgegen. (22) Da antwortete Abischai, der Sohn der Zeruja, und sagte: Sollte nicht Schimi dafür getötet werden, dass er dem Gesalbten des HERRN geflucht hat? (23) David aber sagte: Was habe ich mit euch zu tun, ihr Söhne der Zeruja, dass ihr mir heute zu Widersachern werden wollt? Sollte heute ein Mann in Israel getötet werden? Weiß ich den nicht, dass ich heute König bin über Israel?

211 Phil 2,14.15 (14) Tut alles ohne Murren und Zweifel, (15) damit ihr tadellos und lauter seid, unbescholtene Kinder Gottes inmitten eines verdrehten und verkehrten Geschlechts, unter dem ihr leuchtet wie Himmelslichter in der Welt.

212 Röm 8,28 Wir wissen aber, dass denen, die Gott lieben, alle Dinge zum Guten mitwirken, denen, die nach seinem Vorsatz berufen sind.

213 1 Petr 4,13 ... sondern freut euch, insoweit ihr der Leiden des Christus teilhaftig seid, damit ihr euch auch in der Offenbarung seiner Herrlichkeit jubelnd freut!

214 Mt 27,34 ... gaben sie ihm mit Galle vermischten Wein zu trinken; und als er davon gekostet hatte, wollte er nicht trinken.

215 Jes 26,3 Bewährten Sinn bewahrst du in Frieden, in Frieden, weil er auf dich vertraut.

216 Mt 6,25 Deshalb sage ich euch: Seid nicht besorgt für euer Leben, was ihr essen und was ihr trinken sollt, noch für euren Leib, was ihr anziehen sollt! Ist nicht das Leben mehr als die Speise und der Leib mehr als die Kleidung?

217 Phil 4,6 Seid um nichts besorgt, sondern in allem sollen durch Gebet und Flehen mit Danksagung eure Anliegen vor Gott kund werden.

218 Röm 8,6 Denn die Gesinnung des Fleisches ist Tod, die Gesinnung des Geistes aber Leben und Frieden.

219 Röm 8,29 Denn die er vorher erkannt hat, die hat er auch vorherbestimmt, dem Bilde seines Sohnes gleichförmig zu sein, damit er der Erstgeborene sei unter vielen Brüdern.

220 Apg 13,43 Als aber die Synagogenversammlung sich aufgelöst hatte, folgten viele der Juden und der anbetenden Prose lyten dem Paulus und Barnabas, die zu ihnen sprachen und ihnen zuredeten, beharrlich bei der Gnade Gottes zu bleiben.

221 Röm 12,2 Und seid nicht gleichförmig dieser Welt, sondern werdet verwandelt durch die Erneuerung des Sinnes, dass ihr prüfen mögt, was der Wille Gottes ist: das Gute und Wohlgefällige und Vollkommene.

222 Eph 1,11 Und in ihm haben wir auch ein Erbteil erlangt, die wir vorherbestimmt waren nach dem Vorsatz dessen, der alles nach dem Rat seines Willens wirkt.

223 Jes 55,9 Denn so viel der Himmel höher ist als die Erde, so sind meine Wege höher als eure Wege und meine Gedanken als eure Gedanken.

224 Ps 139,15.16 (15) Nicht verborgen war mein Gebein vor dir, als ich gemacht wurde im Verborgenen, gewoben in den Tiefen der Erde. (16) Meine Urform sahen deine Augen. Und in dein Buch waren sie alle eingeschrieben, die Tage, die gebildet wurden, als noch keiner von ihnen da war.

225 Eph 2,10 Denn wir sind sein Gebilde, in Christus Jesus geschaffen zu guten Werken, die Gott vorher bereitet hat, damit wir in ihnen wandeln sollen.

226 Eph 5,17 Darum seid nicht töricht, sondern versteht, was der Wille des Herrn ist!

227 Röm 12,6a Da wir aber verschiedene Gnadengaben haben nach der uns gegebenen Gnade, so lasst sie uns gebrauchen ...

228 Lk 4,18.19 (18) Der Geist des Herrn ist auf mir, weil er mich gesalbt hat, Armen gute Botschaft zu verkündigen; er hat mich gesandt, Gefangenen Freiheit auszurufen und Blinden, dass sie wieder sehen, Zerschlagene in Freiheit hinzusenden, (19) auszurufen ein angenehmes Jahr des Herrn.

229 Apg 6,2 Die Zwölf aber riefen die Menge der Jünger herbei und sprachen: Es ist nicht gut, dass wir das Wort Gottes vernachlässigen und die Tische bedienen.

230 Apg 6,4 *Wir* aber werden im Gebet und im Dienst des Wortes verharren.

231 Kol 4,12 Es grüßt euch Epaphras, der von euch ist, ein Knecht Christi Jesu, der allezeit für euch ringt in den Gebeten, dass ihr vollkommen und völlig überzeugt in allem Willen Gottes dasteht.

232 1 Sam 15,26-28 (26) Aber Samuel sprach zu Saul: Ich kehre nicht mit dir um. Denn du hast das Wort des HERRN verworfen, und der HERR hat dich verworfen, dass du nicht mehr König über Israel sein sollst. (27) Als Samuel sich umwandte, um wegzugehen, da ergriff Saul ihn beim Zipfel seines Oberkleides, so dass er abriss. (28) Da sprach Samuel zu ihm: Der HERR hat heute das Königtum Israels von dir abgerissen und es einem anderen gegeben, der besser ist als du.

233 Apg 13,22 Und nachdem er ihn verworfen hatte, erweckte er ihnen David zum König, welchem er auch Zeugnis gab und sprach: „Ich habe David gefunden, den Sohn Isais, einen Mann nach meinem Herzen, der meinen ganzen Willen tun wird."

234 Apg 13,36 Denn David freilich entschlief, nachdem er seinem Geschlecht nach dem Willen Gottes gedient hatte, und wurde zu seinen Vätern versammelt und sah die Verwesung.

235 Joh 12,26 Wenn mir jemand dient, so folge er mir nach! Und wo ich bin, da wird auch mein Diener sein. Wenn mir jemand dient, so wird der Vater ihn ehren.

236 Lk 11,28 Er aber sprach: Gewiss, doch glückselig, die das Wort Gottes hören und befolgen!

237 Mt 7,21 Nicht jeder, der zu mir sagt: Herr, Herr! Wird in das Reich der Himmel hineinkommen, sondern wer den Willen meines Vaters tut, der in den Himmeln ist.

238 Joh 6,38 ... denn ich bin vom Himmel herabgekommen, nicht dass ich meinen Willen tue, sondern den Willen dessen, der mich gesandt hat.

239 Lk 23,25 Er gab aber den los, der eines Aufruhrs und Mordes wegen ins Gefängnis geworfen war, den sie forderten; Jesus aber übergab er ihrem Willen.

240 Jes 53,10 Doch dem HERRN gefiel es, ihn zu zerschlagen. Er hat ihn leiden lassen. Wenn er sein Leben als Schuldopfer eingesetzt hat, wird er Nachkommen sehen, er wird seine Tage verlängern. Und was dem HERRN gefällt, wird durch seine Hand gelingen.

241 1 Mo 45,7 Doch Gott hat mich vor euch hergesandt, um euch einen Überrest zu setzen auf Erden und euch am Leben zu erhalten für eine große Errettung.

242 Joh 19,30 Als nun Jesus den Essig genommen hatte, sprach er: Es ist vollbracht. Und er neigte das Haupt und übergab den Geist.

243 Röm 12,2 Und seid nicht gleichförmig dieser Welt, sondern werdet verwandelt durch die Erneuerung des Sinnes, dass ihr prüfen mögt, was der Wille Gottes ist: das Gute und Wohlgefällige und Vollkommene.

244 Ps 40,9 Dein Wohlgefallen zu tun, mein Gott, liebe ich; und dein Gesetz ist tief in meinem Innern.

245 Joh 4,34 Jesus spricht zu ihnen: Meine Speise ist, dass ich den Willen dessen tue, der mich gesandt hat, und sein Werk vollbringe.

246 1 Thes 4,3 ... und betet zugleich auch für uns, dass Gott uns eine Tür des Wortes öffne, das Geheimnis des Christus zu reden, dessentwegen ich auch gebunden bin.

247 2 Chr 32,31 So war es auch bei den Gesandten der Obersten von Babel, die zu ihm gesandt hatten, um nach dem Wunderzeichen zu fragen, das im Land geschehen war.

Da ließ Gott ihn allein, um ihn zu prüfen, damit er alles erkannte, was in seinem Herzen war.

248 1 Thes 5,18 Sagt in allem Dank! Denn dies ist der Wille Gottes in Christus Jesus für euch.

249 1 Pet 2,15 Denn so ist es der Wille Gottes, dass ihr durch Gutestun die Unwissenheit der unverständigen Menschen zum Schweigen bringt.

250 Eph 6,6 ... nicht mit Augendienerei, als Menschengefällige, sondern als Sklaven Christi, indem ihr den Willen Gottes von Herzen tut!

251 Hebr 1,9 Du hast Gerechtigkeit geliebt und Gesetzlosigkeit gehasst; darum hat dich, o Gott, dein Gott gesalbt mit Freudenöl vor deinen Gefährten.